Suhrkamp BasisBibliothek 5

Diese Ausgabe der »Suhrkamp BasisBibliothek – Arbeitstexte für Schule und Studium« bietet nicht nur Heinar Kipphardts legendäres Schauspiel *In der Sache J. Robert Oppenheimer*, sondern auch einen Kommentar, der alle für das Verständnis des Buches erforderlichen Informationen enthält: eine Zeittafel zu Kipphardt und Oppenheimer, die Entstehungs- und Textgeschichte, einen Forschungsüberblick, Literaturhinweise sowie detaillierte Wort- und Sacherläuterungen. Die Schreibweise des Kommentars entspricht den neuen Rechtschreibregeln.
Zu ausgesuchten Texten der Suhrkamp BasisBibliothek erscheinen im Cornelsen Verlag Hörbücher und CD-ROMs. Weitere Informationen erhalten Sie unter www.cornelsen.de.
Ana Kugli, geboren 1975, ist wissenschaftliche Autorin und Journalistin. Von 1998 bis 2003 war sie freie Mitarbeiterin an der Arbeitsstelle Bertolt Brecht, Karlsruhe. 2004 promovierte sie mit einer Arbeit zu Brecht. Veröffentlichungen zum Werk Brechts (SBB 42).

Heinar Kipphardt
In der Sache J. Robert Oppenheimer

Schauspiel

Mit einem Kommentar von Ana Kugli

Suhrkamp

Der vorliegende Text folgt der Ausgabe:
Heinar Kipphardt, *In der Sache J. Robert Oppenheimer*, Frankfurt/M. 1978 (edition suhrkamp 64, ab der 18. Aufl.).
Der Text wurde von der Herausgeberin des vorliegenden Bandes neu durchgesehen und korrigiert.

Originalausgabe
Suhrkamp BasisBibliothek 58
Erste Auflage 2005

Satz: pagina GmbH, Tübingen
Druck: CPI – Ebner & Spiegel, Ulm
Umschlaggestaltung: Regina Göllner und Hermann Michels
Printed in Germany

ISBN 978-3-518-18858-3

2 3 4 5 6 7 – 16 15 14 13 12 11

Inhalt

In der Sache J. Robert Oppenheimer

⸢Personen⸣

J. Robert Oppenheimer, *Physiker*

Der Sicherheitsausschuß:
⸢Gordon Gray⸣, *Vorsitzender*
⸢Ward V. Evans⸣, *Ausschußmitglied*
Thomas A. Morgan, *Ausschußmitglied*

Die Anwälte:
Roger Robb, *Anwalt der Atomenergiekommission*
C. A. Rolander, *Mitarbeiter Robbs. Sicherheitsfachmann*
Lloyd K. Garrison, *Anwalt Oppenheimers*
Herbert S. Marks, *Anwalt Oppenheimers*

Die Zeugen:
⸢Boris T. Pash⸣, *Geheimdienstoffizier*
⸢John Lansdale⸣, *Anwalt, ehemals Geheimdienstoffizier*
⸢Edward Teller⸣, *Physiker*
⸢Hans Bethe⸣, *Physiker*
⸢David Tressel Griggs⸣, *Chefwissenschaftler der Air Force, Geophysiker*
⸢Isadore Isaac Rabi⸣, *Physiker*

Erster Teil

1. Szene

Ein elektronisch gesicherter Raum in der ⌜Atomenergiekommission in Washington⌝. Er ist für die Zwecke des Verhörs eingerichtet. Batterien* von Monitoren. Aufzeichnungsgeräte. Fernschreiber*. Es ist der 12. April 1954. Robb und Rolander kommen, breiten ihre Sachen aus, arbeiten. Gray, Morgan, Evans kommen dazu.

Batterien: Hier: größere Anzahl

Fernschreiber: Gerät, das schriftliche Informationen per Draht übermittelt

GRAY Sind wir zu früh? Man sagte uns, daß Dr. Oppenheimer da sei.

ROBB Im Hause. Die neuen Sicherheitsbestimmungen. Wir sind noch gerade mal durchgeschlüpft. Weil sie Mr. Rolander kannten, aber wahrscheinlich nicht Oppenheimer.

Es öffnet sich eine Tür, Oppenheimer, Garrison und Marks kommen.

GRAY Dr. Oppenheimer, es ist mir eine Freude und es bewegt mich, Sie hier begrüßen zu dürfen. Schön, daß Sie da sind.

OPPENHEIMER Das sind Mr. Garrison und Mr. Marks, meine Anwälte.

GRAY Wenn ich Ihnen Mr. Morgan und Dr. Evans vorstellen darf ... Mr. Robb, Mr. Rolander ...

OPPENHEIMER Ja. Ja. Ja. Bitte. Natürlich.

Es kommt zu keinem Händeschütteln oder nur zugestörten Handlungen, die Gray ins Offizielle flüchten lassen.

GRAY Ich glaube, für das Protokoll, wir müssen das leider doch offiziell machen, ich fürchte, wenn Sie sich zurechtfinden, wie Sie sitzen wollen, wenn Ihnen das so recht ist –

Es werden die vorgesehenen Plätze eingenommen.

GRAY Der Ausschuß, der von der Atomenergiekommission der Vereinigten Staaten benannt wurde, um zu untersuchen, ob Dr. J. Robert Oppenheimer die Sicherheitsgarantie fernerhin erteilt werden kann, besteht aus den Mitgliedern Thomas A. Morgan, Ward V. Evans und mir, Gordon Gray, dem Vorsitzenden. – Die Anwälte der Atomenergiekommission sind Roger Robb und C. A. Rolander. –

Dr. Oppenheimer ist als Zeuge in eigener Sache anwesend. Seine Anwälte sind Lloyd K. Garrison und Herbert S. Marks. Die Untersuchung ist kein Gerichtsverfahren. Sie soll der Öffentlichkeit gegenüber vollständig vertraulich behandelt werden.

MARKS Darf ich fragen, Herr Vorsitzender, ob jemand von Ihnen gestern abend das Interview mit Senator McCarthy gesehen hat?

GRAY Ich habe es nicht gesehen, Mr. Morgan?

MORGAN *blickt einen Moment von seinen Dokumenten auf:* McCarthy? Nein.

EVANS Ich habe es im Radio gehört. Ich war sehr verwundert. Ich dachte sofort an Oppenheimer.

MARKS Haben Sie das Interview gehört, Mr. Robb?

ROBB Nein. Senator McCarthy müßte ein Hellseher sein, wenn er auf unsere Untersuchung angespielt hat.

MARKS Ich habe einen Teil des Interviews mitgeschnitten, wenn Sie das interessiert?

Er legt eine Bildkassette in das dafür vorgesehene Fernsehgerät und die Anwesenden sehen das Fernsehinterview mit McCarthy.

McCARTHY Wenn in unserer Regierung keine Kommunisten sitzen, warum verzögern wir dann die Wasserstoffbombe um 18 Monate, während unsere Abwehrdienste

Tag für Tag melden, daß die Russen die ⌜H-Bombe⌝ fieberhaft vorantreiben? Jetzt ist sie da! Jetzt ist unser Monopol gebrochen! – Wenn ich heute abend Amerika sage, daß unsere Nation sehr wohl untergehen kann, dann wird sie wegen dieser Verzögerung von 18 Monaten untergehen. Und ich frage euch, wer ist daran schuld? Waren es loyale Amerikaner, oder waren es Verräter, die unsere Regierung absichtlich falsch beraten haben, die sich als ⌜Atomhelden⌝ feiern ließen und deren Verbrechen endlich untersucht gehören. –

MARKS Er wurde von ⌜Lewis Fulton jun.⌝ interviewt. Ich glaube, Sie haben diesen Herrn in einigen Prozessen vertreten, Mr. Robb.

GRAY Haben Sie seine Bemerkungen auf sich bezogen, Dr. Oppenheimer?

OPPENHEIMER Ich wurde von fünf oder sechs Leuten angerufen. ⌜Einstein⌝ sagte: Wenn ich noch einmal zu wählen hätte, dann würde ich Klempner oder Hausierer*, um wenigstens ein bescheidenes Maß an Unabhängigkeit zu genießen.

Jmd., der Waren von Haus zu Haus anbietet

MARKS Ich erwähne das Interview, weil es mich zweifeln läßt, daß unsere Geschichte vertraulich zu halten ist, Herr Vorsitzender.

GRAY Wir wollen es versuchen. – Ich möchte Sie pflichtgemäß fragen, Dr. Oppenheimer, ob Sie mit der Zusammensetzung des Ausschusses einverstanden sind.

OPPENHEIMER Ja. Mit einer allgemeinen Einschränkung.

GRAY Mit welcher?

OPPENHEIMER Da sich der Ausschuß mit den schwierigen Pflichten des Physikers in unserer Zeit beschäftigen wird, hätte ich es begrüßt, wenn seine Mitglieder Wissenschaftler gewesen wären. Ich glaube, nur Professor Evans hat eine wissenschaftliche Laufbahn.

EVANS Aber auch ich verstehe nichts von Kernphysik. Glücklicherweise. –

Sie wissen vermutlich, daß wir uns das Geschäft hier nicht selber ausgesucht haben. Wir wurden ernannt. Ich hätte es mir nicht selber ausgesucht.

OPPENHEIMER Ich auch nicht, glaube ich.

MARKS Vielleicht kann das Protokoll den Beruf der Mitglieder verzeichnen. –

GRAY Bitte, Mr. Marks – Ward V. Evans –

EVANS Professor der Chemie in Chicago.

GRAY Thomas A. Morgan –

MORGAN Generaldirektor der ›Sperry Gyroscope Company‹, Atomausrüstung. Einer der Haie vom Great Business. *Er lacht.*

GRAY Gordon Gray, Zeitungsverleger, Radiostationen, ehemals Staatssekretär im Kriegsministerium.

MORGAN Die Einkommensverhältnisse werden nicht gewünscht?

MARKS Die werden Sie uns nicht geben wollen, Mr. Morgan. *Kleines Lachen.*

GRAY Ich möchte Sie fragen, ob Sie ihre Aussagen unter Eid zu machen wünschen, Dr. Oppenheimer?

OPPENHEIMER Ja.

GRAY Sie sind nicht dazu verpflichtet.

OPPENHEIMER Ich weiß. *Er steht auf.*

GRAY Julius Robert Oppenheimer, wollen Sie schwören, daß Sie vor diesem Ausschuß die Wahrheit sagen wollen, die ganze Wahrheit und nichts als die Wahrheit, so wahr Ihnen Gott helfe?

OPPENHEIMER Ich schwöre es.

GRAY Das Verhör kann beginnen. – Ich darf Sie in den Zeugenstand bitten. – Mr. Robb.

Oppenheimer begibt sich in einen Drehstuhl, dem Ausschuß gegenüber. Er setzt sich, zündet seine Pfeife an.

ROBB Sie sind der ›Vater der Atombombe‹ genannt worden, Doktor?

OPPENHEIMER In den Illustrierten. Ja.

ROBB Sie würden sich selber nicht so bezeichnen?

OPPENHEIMER Es ist kein hübsches Kind, und es hat an die hundert Väter, wenn wir die Grundlagenforschung berücksichtigen. In einigen Ländern.

ROBB Aber das Baby kam schließlich in ⌜Los Alamos⌝ zur Welt, in den Laboratorien, die Sie gegründet haben und deren Direktor Sie von 1943 bis 1945 waren.

OPPENHEIMER Wir haben dieses Patentspielzeug gemacht, ja.

ROBB Das wollen Sie nicht bestreiten, Doktor. *Oppenheimer lacht.* Sie haben es in einer begeisternd kurzen Zeit gemacht, getestet und schließlich über Japan abgeworfen, nicht wahr?

OPPENHEIMER Nein.

ROBB Nicht?

OPPENHEIMER Der Abwurf der Atombombe auf Hiroshima, das war eine politische Entscheidung, nicht meine.

ROBB Aber Sie unterstützten den Abwurf der Atombombe auf Japan, oder nicht?

OPPENHEIMER Was meinen Sie mit »unterstützen«?

ROBB Sie halfen die Ziele aussuchen, nicht wahr?

OPPENHEIMER Ich tat meine Arbeit. Wir bekamen eine Liste mit den möglichen Zielen –

ROBB Welche?

OPPENHEIMER Hiroshima, Kokura, Nigata, Kyoto*, – und wir wurden als Fachleute gefragt, welche Ziele sich für den Abwurf der Atombombe nach unseren Testerfahrungen am besten eignen würden.

Städte in Japan; die dritte Stadt heißt korrekt Niigata

ROBB Wer ist »wir«, Doktor?

OPPENHEIMER Ein Rat von Atomphysikern, den der ⌜Kriegsminister⌝ dazu eingesetzt hatte.

ROBB Wer gehörte dazu?

OPPENHEIMER ⌜Fermi⌝, ⌜Lawrence⌝, ⌜Arthur H. Compton⌝ und ich.

ROBB Und Sie hatten die Ziele auszusuchen?

OPPENHEIMER Nein. Wir gaben die wissenschaftlichen Daten über die Eignung der Ziele.

ROBB Welche Eigenschaften hielten Sie für wünschenswert?

OPPENHEIMER Nach unseren Berechnungen sollte das Areal einen Durchmesser von zwei Meilen haben, mindestens, dicht bebaut sein, möglichst mit Holzgebäuden, des Luftdrucks und nachfolgenden Brandwelle wegen. Die ausgewählten Ziele sollten ferner einen hohen militärisch-strategischen Wert besitzen und von früheren Bombardements unberührt sein.

ROBB Warum das, Doktor?

OPPENHEIMER Um die Wirkung einer einzelnen Atombombe exakt messen zu können.

EVANS Diese militärischen Erwägungen immerhin, ich meine, das war die Sache von Physikern damals?

OPPENHEIMER Ja. Weil nur wir diese Erfahrungen hatten.

EVANS Ich verstehe. Es ist ungewohnt für mich. Was haben Sie dabei empfunden?

OPPENHEIMER Ich habe mich das später gefragt. Ich weiß es nicht. Ich war sehr erleichtert, als der Kriegsminister die berühmte Tempelstadt Kyoto, die das größte und empfindlichste Ziel war, auf unsere Empfehlung hin von der Liste strich.

ROBB Aber dem Abwurf der Atombombe auf Hiroshima widersetzten Sie sich nicht?

OPPENHEIMER Wir gaben Argumente, die dagegen –

ROBB Ich frage Sie, Doktor, ob Sie sich widersetzten?

OPPENHEIMER Ich gab Argumente, die dagegen sprachen.

ROBB Gegen den Abwurf der Atombombe?

OPPENHEIMER Richtig. Aber ich verfocht sie nicht. Nicht nachdrücklich.

ROBB Sie meinen, nachdem Sie drei oder vier Jahre Tag

und Nacht daran gearbeitet hatten, die Atombombe zu machen, argumentierten Sie, das Ding nicht zu gebrauchen?

OPPENHEIMER Nein. Als ich vom Kriegsminister gefragt wurde, gab ich ihm die Argumente, die dafür und die dagegen sprachen. Ich äußerte Befürchtungen.

ROBB Und bestimmten Sie nicht auch die Höhe, Doktor, in der die Atombombe zu zünden sei, um die größte Wirkung zu haben?

OPPENHEIMER Wir machten als Fachleute die Arbeit, die man von uns verlangte. Aber wir entschieden damit nicht, die Bombe tatsächlich zu werfen.

ROBB Sie wußten natürlich, daß der Abwurf der Atombombe auf das von Ihnen ausgesuchte Ziel Tausende von Zivilisten töten würde?

OPPENHEIMER Nicht so viele, wie sich herausstellte.

ROBB Wieviele wurden getötet?

OPPENHEIMER 70 000.

ROBB Hatten Sie deshalb moralische Skrupel*?

OPPENHEIMER Schreckliche.

ROBB Sie hatten schreckliche moralische Skrupel?

OPPENHEIMER Ich kenne niemanden, der nach dem Abwurf der Bombe nicht schreckliche moralische Skrupel gehabt hätte.

ROBB Ist das nicht ein bißchen ⌜schizophren⌝?

OPPENHEIMER Was? Moralische Skrupel zu haben?

ROBB Das Ding zu machen, die Ziele auszusuchen, die Zündhöhe zu bestimmen und dann über den Folgen in moralische Skrupel zu fallen? Ist das nicht ein bißchen schizophren, Doktor?

OPPENHEIMER Ja. – Es ist die Art von Schizophrenie, in der wir Physiker seit einigen Jahren leben.

ROBB Können Sie das erläutern?

OPPENHEIMER Man machte von den großen Entdeckungen der neueren Naturwissenschaften einen fürchterli-

*Skrupel: Bedenken, Gewissensbisse

chen Gebrauch. Die Kernenergie ist nicht die Atombombe.

ROBB Sie meinen, man kann sie industriell auswerten und so?

OPPENHEIMER Sie kann Überfluß herstellen, erstmals. Ein Problem billiger Energie.

ROBB Sie denken an ⌜Goldenes Zeitalter⌝, ⌜Schlaraffenland⌝ und diese Geschichten?

OPPENHEIMER Ja, an Luxus. Zu unserem Unglück denkt man an einigermaßen gegenteilige Verwendungen.

ROBB Wer ist »man«, Doktor?

OPPENHEIMER Die Regierungen. Die Welt ist auf die neuen Entdeckungen nicht eingerichtet. ⌜Sie ist aus den Fugen.⌝

ROBB Und Sie sind ein bißchen gekommen, sie einzurenken, wie Hamlet sagt?

OPPENHEIMER Ich kann es nicht. Sie muß das selber tun.

MORGAN Wollen Sie einem alten Praktiker sagen, Doktor Oppenheimer, daß Sie die Atombombe gebaut haben, um irgendein Schlaraffenland zu machen? Oder haben Sie die gebaut, um sie zu verwenden und um mit ihr den Krieg zu gewinnen?

OPPENHEIMER ⌜Wir haben sie gebaut, um zu verhindern, daß sie verwendet wird.⌝ Ursprünglich jedenfalls.

MORGAN Sie haben zwei Milliarden Steuergelder verbraucht, um zu verhindern, daß sie verwendet wird?

OPPENHEIMER Um zu verhindern, daß sie von Hitler verwendet wird. ⌜Es stellte sich am Ende heraus, daß es ein deutsches Atombombenprojekt nicht gab.⌝ – Wir haben sie dann trotzdem verwendet. –

ROLANDER Ich bitte um Entschuldigung, Sir, wurden Sie in einer bestimmten Phase der Entwicklung nicht wirklich gefragt, ob die Bombe gegen Japan verwendet werden solle?

OPPENHEIMER Wir wurden nicht gefragt *ob*, sondern ausschließlich *wie* sie verwendet werden sollte, um die beste Wirkung zu haben.

ROLANDER Ist das ganz exakt, Sir?

OPPENHEIMER Was meinen Sie?

ROLANDER Legte Ihnen der Kriegsminister nicht eines Tages den sogenannten ⌜Franck-Report⌝ vor? Die Denkschrift der Physiker ⌜Szilard⌝, Franck und anderer, die dem Abwurf der Bombe auf Japan dringend widersprach und eine Demonstration der Bombe vor einer internationalen Öffentlichkeit in einer Wüste empfahl?

OPPENHEIMER Wir bekamen das zu lesen. Richtig. Nicht offiziell, glaube ich.

ROBB Was sagten Sie dazu, Doktor?

OPPENHEIMER Daß wir nicht befähigt seien, diese Frage zu entscheiden, die Meinung zwischen uns sei geteilt, wir stellten die Argumente zusammen – dafür und dagegen.

ROBB Waren Sie dagegen?

OPPENHEIMER Lawrence war dagegen. Ich war unentschlossen, fürchte ich. Wir sagten, glaube ich, Sie haben unsere Expertise*, daß die Explosion eines dieser Dinger als Knallfrosch über einer Wüste nicht sehr eindrucksvoll wäre, wahrscheinlich, daß die entscheidende Erwägung die Schonung von Menschenleben sein müßte.

(franz.) Gutachten

ROBB Hieß das nicht im Effekt, Doktor, daß Sie gegen eine Demonstration der Waffe und für ihren Abwurf ohne Warnung waren?

OPPENHEIMER Das hieß es ganz eindeutig nicht. Nein. Wir waren Physiker, keine Militärs, keine Politiker. – Es war die Zeit der sehr blutigen Kämpfe auf ⌜Okinawa⌝. Es war eine fürchterliche Entscheidung.

ROBB Haben Sie den offiziellen Bericht über die Wirkung der Bombe auf Hiroshima geschrieben?

OPPENHEIMER Nach den Daten von ⌜Alvarez⌝, ja, der mitgeflogen war, die Wirkung zu messen.

EVANS Der Physiker Alvarez?

OPPENHEIMER Ja. Mit neuen Meßinstrumenten.

ROBB Schrieben Sie da nicht, daß der Abwurf eine gute und sehr erfolgreiche Sache gewesen sei?

OPPENHEIMER Er war technisch erfolgreich, ja.

ROBB Oh, technisch. – Sie sind sehr bescheiden, Doktor.

OPPENHEIMER Nein.

ROBB Nicht?

OPPENHEIMER Wir Wissenschaftler sind in diesen Jahren an den Rand der Vermessenheit geraten. Wir haben die Sünde kennengelernt.

ROBB Gut, Doktor. Von diesen Sünden wollen wir reden.

OPPENHEIMER Ich vermute, wir verstehen etwas Verschiedenes darunter.

ROBB Das wollen wir herausfinden, Doktor. –
Warum ich in dieser alten Hiroshima-Sache herumfische, ich möchte herausfinden, warum Sie sich damals in so konsequenter Weise auf Ihre Aufgaben beschränkten, hundertprozentig loyal* würde ich sagen, und warum Sie sich später in der Wasserstoffbombenfrage ganz anders verhielten?

Hier: regierungstreu

OPPENHEIMER Das ist nicht vergleichbar, glaube ich.

ROBB Nicht?

OPPENHEIMER Nein.

ROBB Hätten Sie den Abwurf einer Wasserstoffbombe auf Hiroshima befürwortet, Doktor?

OPPENHEIMER Das wäre ganz sinnlos gewesen.

ROBB Wieso?

OPPENHEIMER Das Ziel war zu klein. – Man hatte uns gesagt, daß die Bombe der einzige Weg sei, den Krieg schnell und erfolgreich zu beenden.

ROBB Sie müssen sich nicht verteidigen, Doktor. Nicht deshalb jedenfalls.

OPPENHEIMER Ich weiß.

ROBB Haben Sie die Anschuldigungen der Atomenergiekommission überrascht?

OPPENHEIMER Sie haben mich deprimiert*.

entmutigt, niedergedrückt

ROBB Was hat Sie deprimiert, Doktor?

OPPENHEIMER Daß das Ende einer zwölfjährigen wissenschaftlichen Arbeit im Dienste der Vereinigten Staaten diese Anschuldigung ist. Sie behandelt in 23 Punkten meine Verbindungen zu Kommunisten oder kommunistenfreundlichen Leuten, die mehr als 12 Jahre zurückliegen. Der Brief enthält einen einzigen neuen Punkt. Einen wirklich überraschenden.

ROBB Welchen, Doktor?

OPPENHEIMER Daß ich mich dem Bau der Wasserstoffbombe aus moralischen und anderen Gründen stark widersetzt hätte, daß ich andere Wissenschaftler gegen die Wasserstoffbombe beeinflußt hätte, daß ich den Bau der Wasserstoffbombe dadurch erheblich verzögert hätte.

ROBB Und diese Beschuldigung ist nach Ihrer Meinung nicht zutreffend, Doktor?

OPPENHEIMER Sie ist nicht wahr.

ROBB Ist sie in keiner Hinsicht wahr?

OPPENHEIMER In keiner Hinsicht. – Seit unsere Befürchtungen hinsichtlich des Wasserstoffbombenmonopols eingetreten sind, seit sich die beiden Weltmächte gegenübersitzen wie Skorpione in einer Flasche, seitdem gibt es Leute, die Amerika einreden, daß dies die Schuld von Verrätern sei.

ROBB Ich möchte mich zuerst mit Ihren Verbindungen beschäftigen, Doktor, und den Brief der Atomenergiekommission als Grundlage in das Protokoll nehmen.

GARRISON Der Antwortbrief von Dr. Oppenheimer sollte dann ebenfalls in das Protokoll, Herr Vorsitzender.

GRAY Einverstanden, Mr. Garrison. –

GARRISON Ich möchte den weiteren Antrag stellen –

GRAY Bitte, ja.

GARRISON – daß diejenigen Beschuldigungen, die in früheren Sicherheitsverfahren geklärt werden konnten, denen sich Dr. Oppenheimer unterwarf, nicht Gegenstand dieses Verfahrens sein sollen.

ROBB Einspruch.

GRAY Würden Sie Ihren Einspruch begründen, Mr. Robb?

ROBB Die Atomenergiekommission wünscht gewisse Beschuldigungen neuerlich untersucht, Herr Vorsitzender, weil sie sich auf Material stützt, das früheren Untersuchungen nicht verfügbar war.

MARKS Darf ich fragen, Mr. Robb, welches neue Material Sie beispielsweise zum Punkt 3 des Briefes beizubringen wünschen?

EVANS Welcher Punkt, Mr. Marks?

MARKS Punkt 3, wo es heißt, daß Dr. Oppenheimer vor 16 Jahren, 1938, Ehrenmitglied im Vorstand des ⌜Konsumvereins⌝ der Westküste war. Welches neue Material gibt es da?

ROBB Es gibt ziemlich neues Material über eine geschlossene kommunistische Zusammenkunft im Hause von Dr. Oppenheimer im Jahre 1941 –

MARKS Ich frage nach Punkt 3 –

ROBB – und einen ziemlich neuen Zeugen, der beschworen hat, was Dr. Oppenheimer bestreitet!

MARKS Ist der Zeuge ⌜Paul Crouch⌝?

ROLANDER Herr Vorsitzender, ich möchte Mr. Marks fragen, wieso er vermutet, daß es sich bei dem Zeugen um Paul Crouch handeln könnte.

MARKS Paul Crouch ist in der letzten Zeit ziemlich ausschweifend als Zeuge aufgetreten, Mr. Rolander. Kein Loyalitätsverfahren ohne Paul Crouch, sozusagen. Ich glaube, es ist sein Beruf.

ROLANDER Ich möchte Mr. Marks fragen, Herr Vorsitzender, ob er auf die eine oder andere Weise Kenntnisse aus geheimen ⌜FBI-Akten⌝ über Dr. Oppenheimer erhalten hat?

MARKS Nein – diese Kenntnisse haben nur Sie und Mr. Robb. Im Unterschied zu einem Strafprozeß.

EVANS Entschuldigung, es ist etwas verwirrend für mich, ich bin ziemlich ungeübt, wer ist dieser Paul Crouch, Mr. Rolander? Ich habe seinen Namen nie gehört.

ROLANDER Paul Crouch ist ein ehemaliger kommunistischer Funktionär, der sich von den Kommunisten abgewandt hat.

EVANS Und er kennt Dr. Oppenheimer?

MARKS Er kennt Dr. Oppenheimer und ⌜Malenkow⌝, aber ich glaube, die beiden kennen ihn nicht.

EVANS Es hätte mich gewundert. *Kleines Lachen.*

MARKS Ich glaube, Sie haben meine Frage nach Punkt 3 noch nicht beantwortet, Mr. Robb.

ROBB Richtig, Mr. Marks, denn ich begründe meinen Einspruch, und die Gründe sind, daß es neues Material gibt, daß es neue Bestimmungen für die Erteilung der Sicherheitsgarantie gibt, und daß ich einen Zusammenhang zwischen Dr. Oppenheimers Verhalten in der Frage der Wasserstoffbombe und dessen früheren Verbindungen vermute. Ich möchte deshalb das Recht behalten, ihn und andere Zeugen darüber zu befragen. Auch in seinem Interesse.

GRAY – Der Einspruch von Mr. Robb ist angenommen.

Lichtwechsel.

1. Zwischenszene

Robb und Rolander sind in dem Raum zurückgeblieben, weil sie zu arbeiten haben, auf eine Vervielfältigung warten oder ein Telex* aufgeben. Geblieben ist auch Evans, der ebenfalls auf etwas wartet, vielleicht nur auf Mantel und Hut. Er interessiert sich für Robb, weil er dessen Motive nicht versteht.*

Kopie

Fernschreiben

ROBB *zu Evans:* Sie werden mich vielleicht parteiisch finden, ich bin es nicht.

Evans beobachtet ihn interessiert, ohne sich zu einer Reaktion oder gar einer Antwort zu entschließen.

Als ich meine Arbeit begann, war Oppenheimer für mich das wissenschaftliche Idol Amerikas, die Atombombe, Oppy*. Absurd, ihn zu verdächtigen. Dann studierte ich seine Akten, vier ⌜Fuß⌝ hoch, die FBI zu dem Schluß gebracht hatten, daß Oppenheimer »wahrscheinlich ein getarnter Sowjet-Agent« sei, und die ⌜Präsident Eisenhower⌝ veranlaßten, wörtlich, »eine undurchlässige Mauer zwischen Oppenheimer und allen Regierungsgeheimnissen« sofort zu verfügen. Sie verwandelten das Idol für mich in ein Rätsel. Verdienste hin, Verdienste her, wir haben kürzlich 105 Beamte im Außenministerium wegen geringerer Verbindungen entfernen müssen. Wir haben den Typus des Verräters aus ethischen* oder weltanschaulichen Motiven gerade auf dem Atomgebiet kennengelernt. Ich möchte das bei Oppenheimer ganz ausschließen, aber ich finde keinen Schlüssel zu seinem Verhalten in der Frage der Wasserstoffbombe. Es geht nicht so zusammen und nicht so.

Spitzname Oppenheimers

sittlichen; von der Verantwortung und Verpflichtung gegenüber anderen getragene Lebensführung

EVANS Angst. Könnte es Angst gewesen sein vielleicht?

ROBB Was meinen Sie?

EVANS Angst.

ROBB Wovor?

EVANS Der Wasserstoffbombe. Es gibt Leute, nehmen Sie mich, die haben, vielleicht in Unkenntnis, die haben Angst davor.

ROBB Wunderbar. *Er lacht.* Was mir bei Oppenheimer klar wurde, Dr. Evans, wie unzulänglich die Methode der Beschränkung auf Tatsachen in unseren modernen Sicherheitsverfahren ist. Wie grobschlächtig und unwissenschaftlich wir uns verhalten. Um Tatsachen richtig zu deuten, müssen wir im Grunde doch die Gedanken, die

Gefühle und die Motive kennen, die zu diesen Tatsachen geführt haben, das ganze Archiv des intimen Haushalts einer Person, das unsere Nachrichtenmittel heute ja liefern. Um zu einem sicheren Urteil über Oppenheimer zu kommen, müssen wir das zum Gegenstande unserer Untersuchung machen.

EVANS Die private Sphäre?

ROBB Wenn die Sicherheit der freien Welt davon abhängt, müssen wir zu unserem Unbehagen bis an ihre Grenzen gehen.

EVANS Manchmal vielleicht auch darüber?

ROBB Ich glaube, Dr. Evans, es gibt in der Chemie die ⌜quantitative und die qualitative Analyse⌝. *Er lacht. Dunkel.*

Es wird der folgende Text projiziert oder über Lautsprecher mitgeteilt:

EIN AUSSCHNITT AUS DEM VERHÖR DES 2. TAGES:
GUILTY THROUGH ASSOCIATION? SCHULDIG DURCH VERBINDUNGEN?

2. *Szene*

ROBB Waren Sie jemals Mitglied der Kommunistischen Partei, Doktor?

OPPENHEIMER Nein.

ROBB Ihre Frau?

OPPENHEIMER In ihrer ersten Ehe, ja, bis 1936 oder so.

ROBB Mit wem war sie verheiratet?

OPPENHEIMER ⌜Joe Dallet⌝.

ROBB War das ein Kommunist?

OPPENHEIMER Er fiel im ⌜Spanischen Bürgerkrieg⌝, ich habe ihn nicht gekannt, ja.

ROBB War ⌜Ihr Bruder Frank⌝ Mitglied?

OPPENHEIMER Bis 1941.

ROBB Dessen Frau Jackie?

OPPENHEIMER Ja.

ROBB Gab es eine Zeit, Doktor, da Sie selber gewissen kommunistischen Ideen recht nahestanden?

OPPENHEIMER Sicher. Ich habe das in meinem Antwortbrief beschrieben.

ROLANDER *setzt das Verhör fort:* Auf der Seite fünf Ihres Briefes gebrauchen Sie den Ausdruck Fellow-Traveller*, ›Mitreisender‹. Was verstehen Sie darunter?

(engl.) Gemeint ist: Mitläufer (in politischem Sinne)

OPPENHEIMER Wenn jemand mit Teilen des kommunistischen Programms übereinstimmt und bereit ist, mit Kommunisten zusammenzuarbeiten, ohne der Partei anzugehören, dann würde ich ihn einen ›Mitreisenden‹ nennen.

ROLANDER Waren Sie im Sinne Ihrer Definition ein Mitreisender, Sir?

OPPENHEIMER Ja.

ROLANDER Wann?

OPPENHEIMER Etwa von 1936 an. Nach 1939 bin ich viel weniger mitgereist und nach 1942 fast gar nicht mehr.

ROLANDER Nach 1942 würden Sie sich nicht mehr als einen Mitreisenden bezeichnen?

OPPENHEIMER Nein. Es blieben einige vage Sympathien.

ROLANDER Wie erklären Sie, daß Ihre Sympathien gerade 1942 stark zurückgingen?

OPPENHEIMER Sie waren schon während der ⌜Schauprozesse unter Stalin⌝ sehr zurückgegangen, und sie waren während des ⌜Paktes zwischen den Nazis und den Russen⌝ nahezu erloschen. Mir wurde übel, als ich hörte, daß die Sowjets den begabten deutschen Physiker ⌜Houterman⌝ mit hundert anderen verhafteten deutschen Kommunisten an die Gestapo ausgeliefert hatten.

ROLANDER Und lebten Ihre Sympathien nicht wieder auf, als Rußland unser Verbündeter wurde?

OPPENHEIMER Wir waren alle sehr erleichtert, glaube ich.

ROLANDER Aber als Ihnen im Jahre 1942 Los Alamos übertragen wurde, da waren Ihre Sympathien wiederum erloschen?

OPPENHEIMER Was meinen Sie?

ROLANDER Ich möchte Ihre Motive herausfinden, Sir.

OPPENHEIMER Motive für was?

ROLANDER Sie brachen eine Anzahl von Beziehungen zu kommunistischen Freunden ab, Sir.

OPPENHEIMER Weil ich die Atombombe zu machen hatte, ja! In einer Indianerwüste unter militärischen Sicherheitsbedingungen. Alle persönlichen Beziehungen wurden dadurch unterbrochen.

ROBB Ich glaube nicht alle, Doktor. – War Ihre frühere Verlobte, Dr. Jean Tatlock*, Mitglied der Kommunistischen Partei?

Verlobte Oppenheimers 1936–1939

OPPENHEIMER Ja. Weniger aus politischen als aus romantischen Motiven. Sie war ein empfindsamer, an den Ungerechtigkeiten dieser Welt tief verzweifelter Mensch.

ROBB Wie lange war sie Mitglied?

OPPENHEIMER Es war ein Hin und Her von Ein- und Austritten. Bis zu ihrem Ende, glaube ich.

ROBB Wie endete sie, Doktor?

OPPENHEIMER *nach einer Pause:* Sie tötete sich. – Ich glaube, die Beamten vom FBI haben genau beschrieben, wieviel Tage vorher ich wie lange mit ihr in welchem Hotel war, ohne die Sicherheitsbehörden von dieser Zusammenkunft zu informieren.

ROBB Das ist richtig, Doktor. Sie verbrachten die Nacht mit ihr, und –

OPPENHEIMER Was geht Sie das an? Was hat das mit meiner Loyalität zu tun?

ROBB *freundlich:* Hat es nichts mit Ihrer Loyalität zu tun, Doktor, wenn Sie als Verantwortlicher für das Atomwaffenprojekt in Los Alamos die Nacht mit einer Kommunistin im Hotel verbringen, ohne die Sicherheitsbehörden davon zu unterrichten?

OPPENHEIMER Die Kommunistin war meine frühere Verlobte, die in einer großen seelischen Krise war, und die mich zu sehen wünschte. Sie war wenige Tage später tot.

ROBB Worüber sprachen Sie mit ihr?

OPPENHEIMER – Das werde ich Ihnen nicht sagen.

ROBB Das wollen Sie mir nicht sagen?

OPPENHEIMER Nein. *Er steht von dem Stuhl auf, dem Zeugenstand, geht zum Sofa zurück. Er zündet sich eine Pfeife an.*

ROBB Ich stelle für das Protokoll fest, daß Dr. Oppenheimer den Zeugenstand verlassen hat.

GARRISON Herr Vorsitzender, ich erhebe Einspruch gegen diese Frage, die für die Untersuchung unerheblich ist und die private Sphäre von Dr. Oppenheimer verletzt. Die Begegnung mit Jean Tatlock ist in vorausgehenden Sicherheitsprüfungen geklärt worden.

GRAY Dem Einspruch wird stattgegeben. Ich bitte Dr. Oppenheimer wieder in den Zeugenstand.

Oppenheimer geht in den Zeugenstand zurück.

ROBB Die Frage war in keiner unfairen Absicht gestellt, Doktor.

Oppenheimer sieht ihn hochmütig an.

Lichtwechsel.

2. Zwischenszene

Evans, Morgan an einer Kaffeemaschine.

EVANS Ich hätte das hier nicht mitmachen sollen. Ich bringe sie mit meinen Vorstellungen von Wissenschaft nicht überein, diese Verhöre, wen gehen diese privaten Dinge etwas an, diese Demütigungen, was haben sie mit Physik zu tun? Ist ein gedemütigter Mann loyaler, ergebener? Nehmen Sie den Abwurf der Bombe, seine Einlassungen hier. Wird noch mehr Unterwerfung benötigt? Hat Los Alamos die Physik in eine militärische Disziplin verwandelt? Geht sie den anderen Wissenschaften nur voran? Ist der ⌜Totalitätsanspruch des Staates⌝ unabweisbar geworden? Ich beobachte zwei Entwicklungen jedenfalls. Die eine, daß wir die Natur zunehmend beherrschen, unsern Stern, andere Sterne. Die andere, gleichzeitig, daß wir zunehmend beherrscht werden durch staatliche Apparate, die unser Verhalten zu normieren wünschen. Die Instrumente, die wir entwickeln, um unsere Augen in unbekannte Sonnensysteme zu schicken, arbeiten bald in unbekannten elektronischen Überwachungssystemen, die unsere Freundschaften, Gespräche, Gedanken zu Daten verarbeiten. Ob es die richtigen Freundschaften sind, die richtigen Gespräche, die richtigen Gedanken, die normativen*. Wie kann aber ein neuer Gedanke ein normativer sein?

* maßgebenden, als Richtschnur dienenden

MORGAN Ein, zwei Generationen weiter, und wir haben einen Typ von Wissenschaftler, der sich den wirtschaftlichen und staatlichen Erfordernissen angepaßt hat, der seine Funktion akzeptiert und auch seine Durchsichtigkeit. Es ist eine Frage der Gewohnheit, glaube ich. Vielleicht sind die großen einzelnen Ideen vorbei und die einzelnen Persönlichkeiten. Dafür kriegen Sie die

Gemeint sind: Vorläufer der heutigen Computer; vgl. auch Erl. zu 84,14–15

Rechenmaschinen* von Los Alamos dann für 19 Dollar 90 im Supermarkt.

EVANS Wozu? Um Erdnüsse zu zählen? Oder Wanzen? Ich weiß nicht, ob ich mich an Durchsichtigkeit gewöhnen will, ob ich dann noch leben möchte? »Sprich nicht, schreib nicht, rühr dich nicht«, heißt es schon heute an den Universitäten, wenn das so weitergeht, wie soll das weitergehen?

Dunkel.

Es wird der folgende Text projiziert oder über Lautsprecher mitgeteilt:

Are former communist sympathies consistent with secret war work?

AUS DEM VERHÖR DES 3. TAGES:

SIND EHEMALIGE KOMMUNISTISCHE SYMPATHIEN MIT GEHEIMER KRIEGSARBEIT VEREINBAR? On the reliability of profess witnesses

ÜBER DIE VERLÄSSLICHKEIT VON BERUFSZEUGEN.

every scene is complete & framed.

3. Szene

ROBB Dr. Oppenheimer, Sie haben uns gestern hier bestätigt, daß Ihre Beziehungen zu der kommunistischen Bewegung eine Zeitlang sehr intensiv waren.

OPPENHEIMER Eine kurze Zeit. Bis zum Ende des Spanischen Bürgerkrieges etwa. Vor 15 Jahren.

(engl.) Treffen, Versammlungen

ROBB Sie besuchten damals Versammlungen, Gewerkschaftsmeetings*, Sie hatten kommunistische Freunde, Bekannte, Sie gehörten einer Reihe von kommunistenfreundlichen Organisationen an, Sie lasen kommunistische Literatur, Sie unterzeichneten Aufrufe, Sie gaben nicht unbeträchtliche Geldsummen, die durch kommunistische Kanäle gingen –

OPPENHEIMER Ich gab Geld für die Leute, die in Spanien gegen Franco und die Nazis kämpften. Wie Sie wissen, waren sie auf diese private Hilfe angewiesen.

ROBB Sie zahlten monatlich bis zu 300 Dollar für die Spanische Republik, die durch kommunistische Kanäle gingen?

OPPENHEIMER Wenn Sie mich deswegen um Geld gebeten hätten, dann hätte ich es Ihnen auch gegeben.

ROBB Aber Sie gaben es dem kommunistischen Funktionär Isaac Folkhoff, und Sie schreiben in Ihrem Antwortbrief zu Ihren damaligen Ansichten auf der Seite 6, Zitat: »In dieser Zeit stimmte ich mit der Idee der Kommunisten überein, daß eine Volksfront* gegen die Ausbreitung des Faschismus in der Welt gebildet werden müsse.« Was heißt das?

Bündnis der linken bürgerlichen Parteien mit den Kommunisten

OPPENHEIMER Das heißt, daß mich die Verhältnisse in Deutschland und Spanien tief beunruhigten, und daß ich sie nicht hier haben wollte.

ROBB Was beunruhigte Sie?

OPPENHEIMER Was mich beunruhigte, Mr. Robb? – Daß die Welt mit den Händen in den Hosentaschen zusah. Ich hatte Verwandte in Deutschland, Juden, denen ich helfen konnte, in dieses Land zu kommen, und sie erzählten mir, was damals dort geschah.

ROBB In Ordnung, Doktor, aber wußten Sie damals nicht, daß es die Taktik der Kommunisten war, mit dieser sogenannten Volksfront ihre eigene Herrschaft zu errichten?

OPPENHEIMER Möglich, daß sie das wollten, ich sah keine solche Gefahr. Ich sah, was sich von Deutschland, Italien und Japan über die Welt ausbreitete und daß niemand etwas tat. So kam es zu meinen Sympathien, zu den Aufrufen und Geldspenden. Auf diesen Aufrufen standen die besten Namen Amerikas. Es war eine andere Zeit.

ROBB Auf was ich hinaus will, Doktor: wenn Sie in dieser Zeit mit den Kommunisten so sehr übereinstimmten, warum sind Sie dann nicht Mitglied geworden?

OPPENHEIMER Weil ich nicht gerne die Gedanken anderer Leute denke. Es widerspricht meiner Vorstellung von Unabhängigkeit.

ROBB Haben Sie nie daran gedacht?

OPPENHEIMER Nein.

ROBB Ist Ihnen das von Ihren Freunden niemals nahegelegt worden?

OPPENHEIMER Nein.

ROBB Wie erklären Sie sich das?

OPPENHEIMER Sie werden mich gekannt haben.

ROLANDER Halten Sie es für eine denkbare Taktik der Kommunisten, Sir, daß sie bestimmte einflußreiche Leute aus der Partei herauslassen, weil sie ihnen sonst weniger nützen können?

OPPENHEIMER Das weiß ich nicht. Ich bin kein Experte.

ROLANDER Sie halten sich in Fragen des Kommunismus für nicht sehr erfahren, Sir?

OPPENHEIMER Nein. – In der Zeit, als ich mit der Kriegsarbeit begann, in ⸢Berkeley⸣, waren meine Sympathien fast ganz erloschen.

ROBB Spricht es für ›fast ganz erloschene Sympathien‹, Doktor, wenn im Hause eines Mannes ein geschlossenes kommunistisches Meeting stattfindet?

OPPENHEIMER Wann soll das gewesen sein?

ROBB Ich sprach bisher nicht von Ihnen.

OPPENHEIMER Ich bin sicher, daß Sie von mir sprechen.

ROBB Wenn Sie sicher sind: Halten Sie es für möglich, daß um den 23. Juli 1941 herum in Ihrem Hause eine geschlossene Versammlung abgehalten wurde, auf der ein kommunistischer Funktionär die neue Linie der Partei darlegte?

OPPENHEIMER Nein.

ROLANDER Hatten Sie im Juli 1941 ein Haus, Kenilworth Court 10 in Berkeley, Kalifornien, gemietet, Sir?

OPPENHEIMER Ja.

ROLANDER Kennen Sie einen Mann namens Schneidermann?

OPPENHEIMER Ja.

ROLANDER Ist das ein kommunistischer Funktionär?

OPPENHEIMER Ja.

ROLANDER Woher kennen Sie ihn?

OPPENHEIMER Ich glaube, ich habe ihn bei ⌜Haakon Chevalier⌝ kennengelernt. Bei einer Zusammenkunft über Literaturfragen.

ROBB Verkehrte Haakon Chevalier damals in Ihrem Hause?

OPPENHEIMER Ja.

ROBB Verkehrte Ihr Schüler ⌜Josef Weinberg⌝ damals in Ihrem Hause?

OPPENHEIMER Ja.

ROBB Es wurde von zwei Zeugen berichtet, Doktor, und die Zeugen sind bereit, das zu beschwören, daß Sie am 23. Juli oder kurze Zeit danach in Berkeley, Kenilworth Court 10, an einer geschlossenen kommunistischen Versammlung teilgenommmen haben, bei der Schneidermann die neue Linie darlegte, die von der Partei nach dem Kriegseintritt Rußlands eingenommen wurde. Nach den Zeugen waren unter anderen anwesend: Haakon Chevalier, Josef Weinberg, Dr. Oppenheimer und dessen Frau.

OPPENHEIMER Das ist nicht wahr.

ROLANDER Bewohnten Sie damals ein Landhaus im spanischen Stil, das bemalte Holzdecken hatte?

OPPENHEIMER Ja.

ROLANDER Gab es in Ihrer Wohnhalle einen großen Leuchter aus blauem venezianischen Glas?

OPPENHEIMER Ja.

ROLANDER Stand neben dem Kamin ein rotes Karussellpferd?

OPPENHEIMER Ja.

ROLANDER Das sind Details der Einrichtung, die von den Zeugen erinnert wurden. – Kann es nicht sein, daß Sie die Versammlung vergessen haben, Sir?

MARKS Darf ich Mr. Robb fragen, Herr Vorsitzender, wer die beiden Zeugen sind, die sich an Leuchter und Karussellpferde erinnern und eine derartige Versammlung beschwören wollen?

ROBB Die Zeugen sind Paul Crouch und dessen Frau.

EVANS Der gleiche Crouch, von dem hier die Rede war?

ROBB Ja, Dr. Evans.

MARKS Herr Vorsitzender, ich beantrage, daß die Zeugen hier erscheinen sollen, um ihre Aussage zu beschwören.

ROLANDER Das ist nicht möglich, leider.

GRAY Warum nicht?

ROLANDER Wir wollten die Zeugen von uns aus gern hier haben, Herr Vorsitzender, aber FBI hat die Zeugen für unsere Zwecke nicht freigegeben.

GRAY Das tut mir leid, Mr. Marks. Warum wollten Sie die Zeugen hier haben?

MARKS Ich hätte gerne nachgewiesen, daß die Zeugnisse falsch sind und daß es Interessenten für derartige Zeugnisse gibt.

ROLANDER Meinen Sie, daß FBI mit falschen Zeugnissen arbeitet, Sir?

MARKS Das habe ich nicht gesagt. Ich kenne die Interessenten nicht, ich hätte die Zeugen gerne darüber befragt. So weiß ich bloß, ihre Zeugnisse sind falsch.

ROBB Ich nehme an, Sie werden uns das beweisen, Mr. Marks.

GARRISON Wann soll die Zusammenkunft in Berkeley gewesen sein?

ROBB Am 23. Juli 1941 oder kurz danach.

GARRISON Was heißt das?

ROBB Nicht vor dem 23. Juli und nicht nach dem 30.

GARRISON Haben Sie Gelegenheit gehabt, sich das von den Zeugen bestätigen zu lassen, Mr. Robb?

ROBB Ja, kürzlich.

Marks nimmt einen Packen fotokopierter Blätter aus einer Mappe und bringt sie zu Gray.

MARKS Dann möchte ich dem Ausschuß hier den Nachweis übergeben, daß Dr. Oppenheimer und seine Frau in der Zeit vom 20. Juli bis 10. August nicht in Berkeley, sondern in Neu-Mexiko waren. Sie finden die Hotels, wo sie gewohnt haben, und Sie finden die Leute, mit denen sie zu tun hatten. – Ich habe Sie vor Paul Crouch gewarnt, Mr. Robb. Er ist sein Zeugengeld nicht wert.

ROBB Ich sehe, Mr. Marks, daß es Ihrem Büro viel wert war, Dr. Oppenheimers Abwesenheit in der fraglichen Zeit zu belegen.

MARKS Sicher.

ROBB Ohne die Beschuldigung vorher zu kennen, nicht wahr?

MARKS Wir machten das bei einigen längeren Reisen von Dr. Oppenheimer.

ROBB Das leuchtet mir sehr ein.

Lichtwechsel.

3. Zwischenszene

Oppenheimer, Garrison und Marks. Marks zeigt Oppenheimer den Entwurf zu einem Telex, den dieser durchsieht und mit einem Kopfschütteln zurückgibt.

MARKS Wir müssen in die Öffentlichkeit! – Die Wissenschaftler von uns aus informieren.

OPPENHEIMER Ich möchte dabei bleiben, Vorwürfe hier zu entkräften, Tatsachen hier richtigzustellen. Alles.

GARRISON Wenn es um Tatsachen ginge, wenn es um Argumente ginge. Es geht um Sie als politisches Exempel*.

(lat.) (warnendes) Beispiel

MARKS Um Unterwerfung der Wissenschaft, Einschüchterung jedes Einzelnen, daß kein Platz mehr sei für Leute, die einen Ochsen einen Ochsen nennen. *Oppenheimer sieht von einem zum andern.*

GARRISON Wenn es nur um Sie ginge, dann hätte es für die Atomenergiekommission den sehr einfachen Weg gegeben, Ihren Vertrag nicht zu erneuern, der in drei Monaten abläuft.

MARKS Der gleiche ⌜Lewis Strauss⌝, der dieses Verfahren hier in Gang brachte, hat Ihnen 1947 die Sicherheitsgarantie erteilt, jetzt kabelt* er als Vorsitzender der Atomenergiekommission deren Entzug an Air Force*, Heer und Marine. Ein faires Verfahren? Wir kriegen das geheime Material von FBI nicht zu sehen, das dem Ausschuß unterbreitet wird. Sie dürfen Ihre eigenen Briefe und Berichte nicht einsehen, weil sie beschlagnahmt sind und als geheim erklärt wurden. Warum akzeptieren wir diesen Schlachtplatz hier? Warum binden sie uns die Hände? Soll der moderne Staat der totale Überwachungsstaat sein?

(veraltet für:) telegrafiert

(engl.) Luftwaffe

OPPENHEIMER Ich glaube nicht an die vernünftige Reaktion dieser überreizten und fehlinformierten Öffentlichkeit.

Dunkel.

Textprojektion oder Lautsprecheransage:

AUS DEM VERHÖR DES 5. TAGES:
WO ENDET DIE LOYALITÄT EINEM BRUDER GEGENÜBER, WO GEGENÜBER DEM STAAT?

DARF EIN MENSCH SEINER ANSICHTEN WEGEN VERFOLGT WERDEN?

4. *Szene*

MORGAN Was mich interessiert, Dr. Oppenheimer, die praktische Seite. Nicht das Emblem auf einem Geldschein, sondern der Wert, nicht die Ansichten, sondern die Folgen.
Sie hatten in Los Alamos die Wissenschaftler für das Projekt zusammenzubringen, nicht wahr?

OPPENHEIMER Ja, ich schlug Leute vor, die ich für fähig hielt. Die Entscheidung lag bei ⌜General Groves⌝ und Colonel Lansdale, dem Sicherheitschef.

MORGAN Kann nach Ihrer Meinung ein Kommunist an einem geheimen Kriegsprojekt arbeiten?

OPPENHEIMER Damals oder heute?

MORGAN Sagen wir heute.

OPPENHEIMER In der Regel nein.

MORGAN Damals?

OPPENHEIMER Eine Ausnahme wird mir damals möglicher erschienen sein.

MORGAN Wieso?

OPPENHEIMER Damals war Rußland unser Verbündeter, heute unser wahrscheinlicher Kriegsgegner.

MORGAN Es ist also die Beziehung der Kommunistischen Partei zu Rußland, die die Arbeit eines Kommunisten an einem geheimen Kriegsobjekt unmöglich macht?

OPPENHEIMER Offensichtlich.

MORGAN Wann wurde das für Sie offensichtlich?

OPPENHEIMER 46, 47.

MORGAN Lassen Sie mich eine plumpe Frage stellen, Dr. Oppenheimer: Wußten Sie im Jahre 1943 nicht, daß die Kommunistische Partei ein Spionageinstrument in diesem Lande war?

OPPENHEIMER Nein.

MORGAN Sie haben das auch nie vermutet, damals?

OPPENHEIMER Nein. Sie war eine legale Partei. Die Russen waren unsere gepriesenen Verbündeten, die Hitler bei ⌜Stalingrad⌝ gerade geschlagen hatten.

MORGAN Ich habe sie nie gepriesen, glaube ich.

OPPENHEIMER Sie haben mir aber auch nie einen Tip gegeben. Oder der Regierung.

MORGAN Woher wissen Sie das?

OPPENHEIMER Was die praktische Seite angeht, Mr. Morgan, es ist in Los Alamos niemand eingestellt worden, von dem man wußte, daß er Mitglied der Kommunistischen Partei war.

MORGAN Und haben Sie auch niemanden vorgeschlagen, Dr. Oppenheimer?

OPPENHEIMER Nein.

MORGAN Warum nicht?

OPPENHEIMER Wegen der geteilten Loyalität.

MORGAN Zwischen wem geteilt?

OPPENHEIMER Es schien mir unvereinbar, daß ein Mensch einerseits an den geheimen Kriegsprojekten einer Regierung arbeitet, die er andererseits nach dem Programm seiner Partei beseitigen soll.

MORGAN Ich verstehe.

ROBB Auf Los Alamos bezogen, Doktor, welche Gefahren sahen Sie bei einer solchen Mitarbeit?

Vertrauensbruch

OPPENHEIMER Die der Indiskretion*.

ROBB Ist das ein anderes Wort für Spionage?

OPPENHEIMER Es ist weniger. Es schließt die Gefahr ein.

ROBB Sie hielten einen Kommunisten jedenfalls für ein zu großes Sicherheitsrisiko?

OPPENHEIMER Ein aktives Mitglied ja.

ROBB Und ehemalige Mitglieder? Wie verhielten Sie sich, wenn Sie einen Physiker vorzuschlagen hatten, der ehemals Mitglied der Kommunistischen Partei gewesen war?

OPPENHEIMER Wenn ich das wußte, und wenn ich ihn im Hinblick auf die geheime Kriegsarbeit für gefährlich hielt, dann machte ich meinen Vorschlag mit diesem Vorbehalt.

ROBB Wie prüften Sie, ob ein ehemaliges Mitglied noch gefährlich war?

OPPENHEIMER Ich gab meinen Eindruck. Es war sehr schwer, gute Leute zu kriegen. Wir arbeiteten unter äußerst harten, äußerst unangenehmen Bedingungen.

ROBB Sie haben meine Frage nicht beantwortet, Sir.

OPPENHEIMER Wiederholen Sie die Frage.

ROBB Welchen Test machten Sie damals, um beruhigt zu sein, daß ein ehemaliges Mitglied nicht mehr gefährlich war?

OPPENHEIMER Welchen Test? Bei wem? Bei meiner Frau?

ROBB Nehmen wir Ihren Bruder, der wie Sie Physiker ist. Beschreiben Sie uns den Test, den Sie angestellt haben, um ihm vertrauen zu können.

OPPENHEIMER Bei seinem Bruder stellt man keinen Test an. Ich wenigstens nicht. Ich kannte meinen Bruder.

ROBB Gut, woran erkannten Sie, daß Ihr Bruder nicht mehr gefährlich war?

OPPENHEIMER Ich hielt meinen Bruder nie für gefährlich. Die Gefahr, daß ein Mitglied der Kommunistischen Partei Spionage betreiben könnte, hieß für mich nie, daß jedes Mitglied tatsächlich Spionage betreiben würde.

ROBB Ich verstehe. Ihr Bruder war eine Ausnahme von der Regel, die Sie vorhin aufgestellt haben?

OPPENHEIMER Nein. Ich sagte nicht, daß jeder Kommunist ein Sicherheitsrisiko sein muß, daß es aber sinnvoll ist, diese Regel aufzustellen. ⌜Joliot Curie⌝ in Frankreich ist ein Gegenbeispiel. Er ist Kommunist, und er ist für das französische Atomwaffenprogramm verantwortlich.

ROBB Die Atomspione ⌜Klaus Fuchs⌝, ⌜Nunn May⌝ und ⌜Pontecorvo⌝ sind andere Beispiele?

OPPENHEIMER Ja.

EVANS *wendet sich interessiert an Oppenheimer:* Entschuldigung, kannten Sie Klaus Fuchs?

OPPENHEIMER Nicht gut. Er kam erst mit den Engländern nach Los Alamos. Er gehörte zu der theoretischen Abteilung, die Hans Bethe leitete.

EVANS Was war das für ein Mensch?

OPPENHEIMER Ein stiller, ziemlich introvertierter deutscher Pastorensohn, der leidenschaftlich gern und sehr waghalsig Auto fuhr.

EVANS Ich habe seine Motive nie verstanden. Waren es normale Motive? Bekam er von den Russen Geld?

OPPENHEIMER Es scheint, er hatte einigermaßen vermessene ethische Motive –

EVANS Ethische Motive? Inwiefern?

OPPENHEIMER Er gab dem englischen Geheimdienst an, er habe es mit seinem Gewissen nicht vereinbaren können, die Atombombe in den Händen von nur einer Macht zu wissen, von der er fürchtete, sie könne die Bombe mißbrauchen. Er spielte sich ein bißchen in die Rolle des lieben Gottes, des Weltgewissens.

GRAY Sind Ihnen diese Gedanken irgendwie nachvollziehbar, Dr. Oppenheimer?

OPPENHEIMER Nein. Nicht auf diese Weise.

EVANS Glauben Sie, daß die Russen ihre Atombombe wesentlich den Informationen von Fuchs und May oder anderen verdanken?

OPPENHEIMER Wesentlich nicht. Sie erfuhren, daß wir daran arbeiten. Bestimmte Details zu unserer ⌜Plutonium-Bombe⌝. Soweit ich die Ermittlungen unserer Geheimdienste kenne, gingen die Russen andere Wege. Sie stellten Fuchs Fragen, die er nach unseren Forschungen nicht beantworten konnte.

ROBB Darf ich fortfahren, Herr Vorsitzender?

GRAY Bitte.

ROBB Wann wurde Ihr Bruder Mitglied der Kommunistischen Partei?

OPPENHEIMER 1936 oder 1937.

ROBB Und wann ist er wieder ausgetreten?

OPPENHEIMER Ich glaube, im Herbst 1941.

ROBB Das war die Zeit, als er von ⌜Stanford⌝ nach Berkeley an das Strahlungslaboratorium ging, nicht wahr?

OPPENHEIMER Ja. Lawrence holte ihn zu nicht geheimen Arbeiten.

ROBB Kurz danach war er aber in Berkeley an geheimen Kriegsprojekten beteiligt?

OPPENHEIMER Nach einem Jahr etwa.

ROBB Nach ⌜Pearl Harbor⌝?

OPPENHEIMER Möglich.

ROBB Teilten Sie den Sicherheitsbehörden daraufhin mit, daß Ihr Bruder Parteimitglied gewesen ist?

OPPENHEIMER Es hat mich niemand danach gefragt.

ROBB Es hat Sie niemand gefragt. – Teilten Sie das Lawrence oder sonst jemand mit?

OPPENHEIMER Ich sagte Lawrence, daß die Schwierigkeiten meines Bruders in Stanford von dessen linken Verbindungen herrührten.

ROBB Das war nicht ganz meine Frage, Doktor. Teilten Sie Lawrence oder sonst jemand mit, daß Ihr Bruder Frank Mitglied der Kommunistischen Partei gewesen ist?

OPPENHEIMER Nein.

ROBB Warum nicht?

OPPENHEIMER Ich glaube, ich bin nicht verpflichtet, die Karriere meines Bruders zu zerstören, wenn ich volles Vertrauen zu ihm habe.

ROBB Woraus schlossen Sie, daß Ihr Bruder nicht mehr Mitglied war?

OPPENHEIMER Er hat es mir gesagt.

ROBB Und das genügte Ihnen?

OPPENHEIMER Ja.

ROBB Wissen Sie, daß Ihr Bruder damals und auch später offiziell bestritten hat, daß er jemals Mitglied war?

OPPENHEIMER Ich weiß, daß er das im Jahre 1947 bestritten hat.

ROBB Warum hat er das nach Ihrer Meinung bestritten?

OPPENHEIMER Vermutlich wollte er weiter als Physiker arbeiten und nicht als Farmer, wie er das seit dieser Zeit tun muß.

ROBB Billigen Sie sein Verhalten, Doktor?

OPPENHEIMER Ich billige es nicht, ich verstehe es. Ich mißbillige, daß ein Mensch wegen seiner gegenwärtigen oder vergangenen Ansichten vernichtet wird. Das mißbillige ich.

ROBB Wir sprechen von der Arbeit an geheimen Kriegsprojekten und von den möglicherweise unbequemen Maßnahmen, die wir treffen müssen, unsere Freiheit zu schützen, Doktor.

OPPENHEIMER Ich weiß. Es gibt Leute, die bereit sind, die Freiheit zu schützen, bis nichts mehr von ihr übrig ist.

ROBB Kann man im Falle Ihres Bruders sagen, Sir, daß die natürliche Loyalität, die Sie ihm entgegenbrachten, die Loyalität unseren Sicherheitsbehörden gegenüber überwog?

OPPENHEIMER Ich habe dargelegt, daß es einen solchen Loyalitätskonflikt nicht gab.

ROBB Obwohl Sie nach Ihrem eigenen Zeugnis der Ansicht waren, daß es für die Sicherheitsbehörden wichtig sein kann, zu wissen, ob jemand Mitglied der Kommunistischen Partei war, verschweigen Sie das im Falle Ihres Bruders, oder nicht?

OPPENHEIMER Ich verschwieg es nicht ausdrücklich, ich wurde nicht gefragt.
ROBB Und Sie sagten es nicht von sich aus?
OPPENHEIMER Nein.
ROBB Das wollte ich wissen, Doktor.
Lichtwechsel.

4. Zwischenszene

Rolander allein an einem Diktiergerät. Er hat Kopfhörer auf und hört ein Band ab.

ROLANDERS STIMME Informationshilfe Öffentlichkeitsarbeit Archiv 12-24. Es wird das Argument gebraucht, daß wir vergangene Tatsachen aus unserer gegenwärtigen Sicht beurteilen. Ja, denn wir untersuchen, ob Dr. Oppenheimer heute ein Sicherheitsrisiko ist, wo unsere Gegner die Kommunisten sind, Rußland, nicht die Nazis wie ehedem. Tatsachen sind etwas sehr Relatives.
Er stellt das Gerät auf Aufnahme und diktiert weiter.
ROLANDER Wie wir es 1943 etwa nicht für möglich gehalten hätten, einem nazifreundlichen Mann unsere lebenswichtigen Geheimnisse anzuvertrauen, und wäre er ein Genie gewesen, so halten wir das im Jahre 1954 bei einem kommunistenfreundlichen Mann nicht für möglich. Sicherheitsentscheidungen sind pragmatisch*: was gegen wen in welcher Lage zu sichern ist. Sie erheben nicht den Anspruch, absolut gerecht und unantastbar moralisch zu sein. Sie sind praktisch. Deshalb wurmen mich Ideologisierungen* hier, die Prinzipienreiterei* über die heilige Privatsphäre aus dem vorigen Jahrhundert. Wir haben nüchtern zu untersuchen, wie stark Oppenheimers Sympathien waren, wie anhaltend sie sind, welche Folgen das in der Vergangenheit für uns hatte,

auf praktisches Handeln gerichtet, sachbezogen

Mit Weltanschauungen oder polit. Gesinnungen durchdrungene Denkarten

Kleinlich auf Grundsätzen beharren

und ob wir uns das zukünftig leisten können. Es ist die Geschichte selbst – die Möglichkeit des Unterganges der freien Welt –, die unsere Sicherheitsbestimmungen scharf und vorbehaltlos macht. Privater Zusatz für Dick: Ich komme mir so alt vor unter den älteren Leuten. Wo sie ihre Ideologie haben, ist bei mir ein blinder Fleck.

Dunkel.

Textprojektion oder Lautsprecheransage:

AUS DEM VERHÖR DES 7. TAGES

WAS SIND PHYSIKER FÜR LEUTE?

KANN MAN EINEN MENSCHEN AUSEINANDERNEHMEN WIE EINEN ZÜNDSATZ*?

Can a man be taken apart like a fuse?

Kleine Menge Sprengstoff, mit dem eine größere Menge gezündet wird

5. Szene

ROLANDER Stimmen Sie mit mir überein, daß ein Fellow-Traveller für ein geheimes Kriegsprojekt eine potentiell* größere Gefahr der Indiskretion darstellt?

Hier: möglicherweise

OPPENHEIMER Potentiell, ja. Es kommt auf den Menschen an.

ROLANDER Ist es zutreffend, Dr. Oppenheimer, daß in Los Alamos eine beträchtliche Anzahl von Wissenschaftlern Fellow-Travellers waren?

OPPENHEIMER Nicht besonders viele. Weniger als in Berkeley zum Exempel. Aber wir hätten damals einen Mann vom elektrischen Stuhl geholt, wenn wir ihn gebraucht hätten, das Ding auf die Beine zu stellen.

ROLANDER Was ich mir nicht erklären kann, Sir, warum gerade so viele Fellow-Travellers vom elektrischen Stuhl geholt wurden?

OPPENHEIMER Weil es viele Physiker mit linken Neigungen gab.

ROLANDER Wie erklären Sie sich das?

OPPENHEIMER Physiker interessieren sich für neue Dinge. Sie experimentieren gern und ihre Gedanken sind auf Veränderungen gerichtet. Bei ihrer Arbeit, und so auch in politischen Fragen.

ROLANDER Viele Ihrer Schüler gerade waren tatsächlich Kommunisten oder Mitreisende, nicht wahr?

OPPENHEIMER Einige, ja.

ROLANDER Weinberg, ⌜Bohm⌝, ⌜Lomanitz⌝, ⌜Friedmann⌝?

OPPENHEIMER Ja.

ROLANDER Und Sie haben diese jungen Leute nach Berkeley oder Los Alamos empfohlen?

OPPENHEIMER Ich habe sie als Wissenschaftler empfohlen, ja. – Weil sie gut waren. –

ROLANDER Rein fachlich. Ich verstehe.

OPPENHEIMER Ja.

ROLANDER Viele Ihrer intimen Bekannten und Freunde, fachlich und jenseits des Fachlichen, waren ebenfalls Fellow-Travellers, nicht wahr?

OPPENHEIMER Ja. Ich finde das nicht unnatürlich. Es gab eine Zeit, da das sowjetische Experiment* eine große Anziehungskraft auf alle diejenigen ausübte, die den Zustand unserer Welt nicht befriedigend fanden, und ich denke, er ist wirklich nicht befriedigend. Heute, da wir das sowjetische Experiment ohne Illusionen betrachten, heute, da uns Rußland als eine feindliche Weltmacht gegenübersteht, verurteilen wir die Hoffnungen, die viele Menschen an den Versuch geknüpft hatten, vernünftigere Formen des menschlichen Zusammenlebens mit größeren Freiheiten und größerer sozialer Sicherheit zu finden. Das scheint mir unweise, und es ist unzulässig, sie dieser Ansicht wegen herabzusetzen oder verfolgen zu wollen.

der Kommunismus

ROLANDER Ich will niemand herabsetzen, Sir, und ich verfolge nur die Frage, ob nicht ein Physiker, der soundsoviel Freunde und Bekannte hat, die Kommunisten oder Mitreisende waren, ein größeres Sicherheitsrisiko ist. Ist er nicht tatsächlich ein größeres Sicherheitsrisiko?

OPPENHEIMER Nein.

ROLANDER Sie meinen, es ist auch heute gleichgültig, wie viele kommunistenfreundliche Bekannte –

OPPENHEIMER Ich meine, daß man einen Menschen nicht auseinandernehmen kann wie einen Zündsatz. Die und die Ansichten, die und die Sicherheit. Soundsoviel Bekannte, die Fellow-Travellers sind, soundsoviel Sicherheit. Das sind mechanische Torheiten, und wenn wir in Los Alamos so verfahren wären, so hätten wir die besten Leute nicht eingestellt. Wir hätten dann vielleicht das Laboratorium mit den tadellosesten Ansichten der Welt gehabt, aber ich glaube nicht, daß es funktioniert hätte. Die Wege der Leute mit erstklassigen Ideen verlaufen nicht so gradlinig, wie sich das die Sicherheitsbeamten träumen. Mit tadellosen, das heißt konformen* Ansichten macht man keine Atombombe. Ja-Sager sind bequem aber uneffektiv.

um Anpassung bemühten

ROLANDER Was taten Sie, Sir, als Sie 1947 erfuhren, daß einige dieser Nein-Sager – Weinberg, Bohm – aktive Parteimitglieder waren?

OPPENHEIMER Was meinen Sie?

ROLANDER Brachen Sie die Verbindungen ab?

OPPENHEIMER Nein.

ROLANDER Warum nicht?

OPPENHEIMER Das entspricht nicht meiner Vorstellung von Gesittung*.

Gesittetes Wesen, Wohlerzogenheit

ROLANDER Entspricht es Ihrer Vorstellung von Sicherheit?

OPPENHEIMER Was?

ROLANDER Haben Sie Weinberg Ihren Anwalt empfohlen, Sir?

OPPENHEIMER Den Anwalt meines Bruders, ich glaube.

ROLANDER Haben Sie für Bohm eine Party gegeben?

OPPENHEIMER Ich habe an einer Abschiedsparty für ihn teilgenommen, als er in ⌜Princeton⌝ gefeuert wurde und nach Brasilien ging.

ROLANDER Und Sie konnten diese Sympathiekundgebungen für aktive Kommunisten mit den Pflichten des höchsten Regierungsberaters in Atomfragen klar vereinbaren?

OPPENHEIMER Was hat das mit Atomfragen zu tun? Ich gab alten Freunden Ratschläge, und ich verabschiedete mich von ihnen.

ROLANDER Das würden Sie auch heute wieder tun?

OPPENHEIMER Ich hoffe.

ROLANDER Besten Dank, Sir.

GRAY Weitere Fragen an Dr. Oppenheimer?

Evans meldet sich.

EVANS Ich wundere mich, daß es tatsächlich so viele rote* Physiker gegeben haben soll? Es ist vielleicht eine Generationsfrage.

rote: kommunistische, politisch links stehende

OPPENHEIMER Ich würde sagen rosafarbene.

EVANS Ich kann es mir nicht erklären, was hat diese immerhin nüchternen Leute zu so radikalen politischen Ideen hingezogen? Was sind Physiker für Leute?

OPPENHEIMER Meinen Sie, ob sie nicht vielleicht ein bißchen verrückt sind?

EVANS Ich habe keine Ahnung, oder spleenig*, wie unterscheiden sie sich von anderen?

spleenig: (von engl. spleen) schrullig, eigensinnig

OPPENHEIMER Ich glaube, sie sind nur weniger voreingenommen. Sie wollen in die Dinge hineinsehen, die da nicht funktionieren.

EVANS Ich habe ⌜Marx⌝ und solche Burschen nie gelesen, ich habe mich nie für politische Dinge interessiert, wie Sie das offensichtlich getan haben.

OPPENHEIMER Ich habe mich auch nicht dafür interessiert. Lange Zeit nicht. Niemand hatte mich in meiner Kindheit darauf vorbereitet, daß es bittere und grausame Dinge gibt, wie ich sie in der ⌜großen Depression⌝ dann sah, als meine Studenten hungerten und keine Arbeit fanden, wie Millionen andere. Ich fand, daß eine Welt nicht in Ordnung ist, in der das geschehen kann. Ich wollte die Gründe herausfinden.

EVANS Und da lasen Sie damals kommunistische Bücher, Soziologie und sowas?

Eines der Hauptwerke von Karl Marx; vgl. Erl. zu 45,34

OPPENHEIMER Ja. Obwohl ich das ›Kapital‹ von Marx* zum Exempel nie verstanden habe. Ich kam nie über die ersten 50 Seiten.

EVANS Es wundert mich, ich habe noch niemanden gefunden, der es verstanden hätte. Außer ⌜Rockefeller⌝ vielleicht –

Lachen von Morgan, Marks und Robb.

– und meinem Zahnarzt, der immer, wenn er mir einen Nerv aufbohrt, sagt: »Karl Marx lehrt das und das«.

Lachen.

Auf diese Weise ist Karl Marx für mich immer mit einem bestimmten nervlichen Schmerz verbunden.

Lachen.

OPPENHEIMER Es scheint vielen Leuten so zu gehen.

EVANS *lacht:* Von allen bekannten Philosophen, deren Werk nicht gelesen wird, macht er uns den meisten Trouble*. Nehmen Sie sich selber.

(engl.) Ärger, Unannehmlichkeiten

Oppenheimer lacht.

Lichtwechsel.

5. Zwischenszene

Morgan und Gray bei Zigarren.

MORGAN Muß sich der Verteidigungsminister einmischen und die Wissenschaftler aufstören?

GRAY Idiotisch.

MORGAN Es ist überhaupt zuviel, zu allgemein von Oppenheimers politischem Hintergrund die Rede, was vielleicht McCarthy genügt, aber nicht das Problem ist im Falle dieser komplizierten Highbrows*, der Physiker. Was wir den Wissenschaftlern heute klarmachen müssen, daß wir ihnen nicht die und die Ansichten vorschreiben, privat, daß wir sie deshalb ausbooten, sondern daß wir von ihnen eine strikte Trennung zwischen ihren subjektiven Ansichten und ihrer objektiven Arbeit fordern müssen. Weil eine moderne Atompolitik nur auf der Grundlage einer wertungsfreien Arbeit möglich ist. Wie in jedem Industrieunternehmen, so auch in einem modernen Staat. Wir müssen herausfinden, ob der Mann die erstaunlichen politischen und moralischen Ansichten in seine Arbeit als Physiker und Regierungsberater eingemischt hat. Die subjektiven Ansichten eines Physikers, so extrem sie sein mögen, sind seine Privatsache, solange sie in seiner objektiven Arbeit nicht erscheinen. Diese Trennung berührt die Prinzipien unserer Demokratie.

(engl. ›hohe Stirn‹) Betont Intellektuelle, geistig Anspruchsvolle

GRAY Völlig d'accord*, völlig.

(franz.) einverstanden

Dunkel.

A seperation between morals and duty. Duty beyond ethics?

Textprojektion oder Lautsprecheransage:

AUS DEM VERHÖR DES 10. TAGES:

WAS IST ABSOLUTE LOYALITÄT?

GIBT ES EINE HUNDERTPROZENTIGE SICHERHEIT? WAS WÄRE IHR PREIS?

What is the price of certainty?

6. *Szene*

22.4.1954 ROBB Ich entnehme meinen Unterlagen, daß Sie heute* Ihren fünfzigsten Geburtstag haben, Doktor, und ich darf einen Augenblick die Förmlichkeit unseres Verfahrens verlassen, um Sie zu beglückwünschen.

OPPENHEIMER Danke, es gibt keine Veranlassung.

ROBB Darf ich fragen, Doktor, ob Sie die Post schon durchgesehen haben, die Sie zu Ihrem Geburtstag erreichte?

OPPENHEIMER Einen Teil.

ROBB Hat ihnen Haakon Chevalier geschrieben?

OPPENHEIMER *stößt ein kleines verächtliches Lachen aus:* Ja, eine Karte.

ROBB Was schreibt er Ihnen?

OPPENHEIMER Die üblichen Wünsche. ›In alter Freundschaft, Dein Haakon.‹ Sie werden eine Fotokopie haben.

ROBB *lächelt:* Sie betrachten ihn immer noch als Ihren Freund, nicht wahr?

OPPENHEIMER Ja.

ROBB In Ihrem Antwortbrief an die Atomenergiekommission schildern Sie auf der Seite 22 eine Unterhaltung, die Sie im Winter 1942/43 mit Chevalier gehabt haben. Wo war das?

OPPENHEIMER In meinem Haus in Berkeley.

EVANS Entschuldigung, um etwas über diesen Chevalier zu erfahren, wer war das, was für ein Mensch?

OPPENHEIMER Ein Fakultätskollege.

EVANS Physiker?

OPPENHEIMER Französische Literatur.

EVANS Kommunist?

OPPENHEIMER Er hat stark linke Ansichten.

EVANS Rot oder rosa?

OPPENHEIMER Rosarot.

EVANS Und menschlich?

OPPENHEIMER Einer der zwei, drei Freunde, die man im Leben hat.

ROBB Sie geben in Ihrem Brief die Essenz* dieser Unterhaltung wieder und ich möchte Sie bitten, Doktor, uns die Umstände und möglichst den Wortlaut des Gespräches zu berichten.

(lat.) das Wesen, das Wesentliche

OPPENHEIMER Ich kann Ihnen nur den Inhalt, nicht den Wortlaut geben. Es ist eine der Geschichten, über die ich zu oft nachgedacht habe. – Es sind 11 Jahre –

ROBB Also gut.

OPPENHEIMER Eines Tages, abends, kam Chevalier zu uns, mit seiner Frau, ich glaube, er kam zum Essen oder auf einen Drink –

GRAY Verzeihung, kam die Verabredung durch ihn zustande?

OPPENHEIMER Ich weiß nicht. Es ging so, daß einer anrief und sagte: ›Kommt doch auf einen Sprung rüber‹.

GRAY Ich halte es für wichtig, Dr. Oppenheimer, wenn Sie uns diese Geschichte möglichst ausführlich geben.

OPPENHEIMER Ja. – Sie kamen herüber, wir nahmen einen Cognac, sprachen über die Tagesereignisse, kann sein über Stalingrad – es war diese Zeit –

GRAY Brachte Chevalier das Gespräch auf Stalingrad?

OPPENHEIMER Das weiß ich nicht, es kann sein, daß wir an einem anderen Tag davon gesprochen haben, ich glaube, es war an diesem Abend. Sicher ist: als ich in die Küche ging, um Drinks zu machen, da kam mir Chevalier nach und erzählte mir, daß er kürzlich ⌜Eltenton⌝ getroffen habe.

GRAY Würden Sie uns für das Protokoll sagen, wer das ist, Eltenton?

OPPENHEIMER Ein Chemotechniker, ein Engländer, der einige Jahre in Rußland gearbeitet hatte.

GRAY Parteimitglied?

OPPENHEIMER Er stand ihnen nahe. Ob er Mitglied war? – Ich kannte ihn nicht gut. –

ROBB Was wollte Chevalier von Ihnen?

OPPENHEIMER Ich weiß nicht, ob er etwas *wollte*. Er sagte, daß sich Eltenton aufgeregt habe, daß wir die Russen im Stich lassen, keine zweite Front machen und ihnen auch die technischen Informationen nicht geben, die sie brauchen, das sei eine Schweinerei.

GRAY War das Chevaliers Meinung?

OPPENHEIMER Er sprach von Eltenton. Eltenton habe ihm dann gesagt, daß er Wege wisse, daß er Mittel habe, um technische Informationen an sowjetische Wissenschaftler zu geben.

ROBB Was für Wege, was für Mittel, Doktor?

OPPENHEIMER Chevalier nannte sie nicht, ich weiß nicht, ob Eltenton sie genannt hat. Wir sprachen nicht darüber, ich meine, ich sagte: ›Aber das ist Verrat!‹ – ich bin nicht sicher, ich sagte jedenfalls etwas der Art, daß das schrecklich und undiskutabel* wäre. Und Chevalier sagte, daß er völlig mit mir übereinstimme.

undiskutabel: nicht erwägenswert, nicht der Erörterung würdig

ROBB Ist das alles, was gesagt wurde?

OPPENHEIMER Wir sprachen dann über Drinks und über Malraux*, glaube ich. Chevalier übersetzte seine Bücher.

Malraux: André M. (1901–1976), franz. Politiker und Schriftsteller

GRAY Wußte Chevalier, daß in Berkeley an der Entwicklung der Atombombe gearbeitet wurde?

OPPENHEIMER Nein.

ROBB Gebrauchten Sie das Wort ›Verrat‹, Doktor?

OPPENHEIMER Es ist eine so oft strapazierte* Gedankenbahn, ich kann Ihnen die Geschichte des Wortes ›Verrat‹ erzählen.

strapazierte: abgenutzte, übermäßig in Anspruch genommene

ROBB Wenn Sie erst meine Frage beantworten würden?

OPPENHEIMER Ich weiß es nicht.

ROBB Hielten Sie es für Verrat?

OPPENHEIMER Was?
ROBB Geheime Informationen an die Russen zu geben?
OPPENHEIMER Natürlich.
ROLANDER Haben Sie den Vorfall daraufhin Ihrer Sicherheitsbehörde gemeldet, Sir?
OPPENHEIMER Nein.
ROLANDER Warum nicht?
OPPENHEIMER Ich nahm das Gespräch nicht so ernst. Eine Party-Unterhaltung.
ROBB Aber ein halbes Jahr später, Doktor, da nahmen Sie das gleiche Gespräch so ernst, daß Sie deshalb von Los Alamos nach Berkeley fuhren, um die Sicherheitsbehörden darauf aufmerksam zu machen. Warum?
OPPENHEIMER Lansdale war in Los Alamos gewesen und hatte mir gesagt, daß ihn die Sicherheitssituation in Berkeley sehr beunruhige.
ROBB Stimmen wir überein, Doktor, daß diese Bemerkung eine Spionagebefürchtung einschloß?
OPPENHEIMER Richtig.
ROLANDER Nannte er Namen?
OPPENHEIMER Lomanitz tauchte in der Unterhaltung auf. Er hatte bei Leuten Sachen herumgequatscht, die sie nichts angingen.
ROLANDER Bei was für Leuten?
OPPENHEIMER Von der ⌜CIO-Gewerkschaft⌝, deshalb kam ich auf Eltenton. Eltenton war in der ⌜Gewerkschaft der Wissenschaftler und Ingenieure⌝ ziemlich aktiv.
ROBB Sagten Sie Lansdale, daß Sie Eltenton für eine mögliche Gefahr hielten?
OPPENHEIMER Den ersten Hinweis gab ich Johnson*, dem örtlichen Sicherheitsoffizier.
ROBB Erzählten Sie Johnson die Geschichte, wie sie sich zugetragen hatte?
OPPENHEIMER Nein, ich sagte nicht viel mehr, als daß man Eltenton mißtrauen müsse. Er fragte, warum? Da erfand ich eine Räuberpistole*.

Lyle Johnson. Sicherheitsoffizier der Universität Berkeley

Hier: Lügengeschichte

ROBB Sie belogen ihn?

OPPENHEIMER Ja, ich dachte, die Sache wäre damit erledigt.

ROBB Und Johnson?

OPPENHEIMER Informierte Pash, seinen Vorgesetzten. Ich hatte dann ein Gespräch mit Johnson und Pash.

ROBB Sagten Sie Pash die Wahrheit?

OPPENHEIMER Ich erzählte ihm dieselbe Geschichte, nur ausführlicher.

ROBB Was war an der Geschichte nicht wahr?

OPPENHEIMER Daß Eltenton versucht habe, an *drei* Mitarbeiter des Projektes heranzukommen, durch Mittelsmänner.

ROBB Mittelsmänner?

OPPENHEIMER Oder durch einen Mittelsmann.

Hier: nannten

ROBB Identifizierten* Sie Pash gegenüber den Mittelsmann, Chevalier also?

OPPENHEIMER Ich identifizierte nur Eltenton.

ROBB Warum?

OPPENHEIMER Ich wollte Chevalier heraushalten und mich selber auch.

ROBB Aber warum belasteten Sie ihn dann mit *drei* Kontakten?

OPPENHEIMER Weil ich ein Idiot war.

ROBB Ist das eine zureichende Erklärung, Doktor? – *Geste Oppenheimers* – Mußten Sie nicht denken, daß Pash und Lansdale Himmel und Hölle in Bewegung setzen würden, den Mittelsmann und die drei Mitarbeiter zu identifizieren?

OPPENHEIMER Ich hätte das wissen müssen.

ROBB Und setzten sie nicht Himmel und Hölle in Bewegung?

OPPENHEIMER Ich denke. Ich sagte Lansdale schließlich zu, daß ich die Namen nennen würde, wenn mir General Groves den militärischen Befehl dazu gäbe. Als Groves das tat, nannte ich Chevalier und mich selber.

ROBB Das ist alles. *Zu Gray:* Ich würde jetzt gerne Colonel Pash als Zeugen hören.

ROLANDER Als Sie Colonel Pash die ›Räuberpistole‹ erzählten, Sir, war da von einem Mann in der russischen Botschaft und von ⌈Mikrofilmen⌉ die Rede?

OPPENHEIMER Das kann ich mir nicht denken. Nein.

ROLANDER Danke, Sir.

GRAY Wir haben jetzt die Zeugen Colonel Pash und Mr. Lansdale. Da Colonel Pash der Zeuge von Mr. Robb ist, wird er ihn zuerst verhören.

Ein Beamter geleitet Colonel Boris T. Pash durch die rechte Tür zum Zeugenstand. Pash ist in Zivil. Er verbeugt sich vor den Mitgliedern des Ausschusses.

Boris T. Pash, wollen Sie schwören, daß Sie vor diesem Ausschuß die Wahrheit sagen wollen, die ganze Wahrheit und nichts als die Wahrheit, so wahr Ihnen Gott helfe?

PASH Ich schwöre es. *Er setzt sich.*

GRAY Ein paar Fragen zur Person, Colonel Pash. Was ist Ihr Spezialgebiet?

PASH Spionageabwehr an Kriegsprojekten, die Abwehr kommunistischer Agenten insbesondere.

GRAY Wie lange machen Sie diese Arbeit?

PASH 14 Jahre.

GRAY Sind Sie dafür besonders ausgebildet worden?

PASH Ich bekam die Ausbildung, die FBI für seine ersten Leute vorsieht. Ein ziemlich hartes Training, ich habe seitdem einige internationale Erfahrungen.

GRAY Können Sie uns eine Ihrer besonderen Aufgaben nennen?

PASH Ich hatte mit meiner Gruppe herauszubringen, ob die Deutschen eine Atombombe bauen, das war Ende 1943, und ich hatte die entsprechenden deutschen Eierköpfe* zu kidnappen, ehe sie von den Russen gekidnappt wurden. Ich denke, wir machten das ganz gut.

(engl. ›egghead‹) Ironisch-abwertende Bezeichnung für Intellektuelle

GRAY Wurden Sie speziell für den Umgang mit Wissenschaftlern ausgebildet?

PASH Ja. Ich glaube, ich habe ein bißchen eine natürliche Begabung für den Umgang mit ihnen. Ich weiß heute ungefähr, wie herum ein Kernphysiker denkt und wie man sie kriegen kann.

GARRISON Darf ich für das Protokoll fragen, Herr Vorsitzender, welchen Beruf Mr. Pash vorher hatte?

PASH Sportlehrer. *Lachend:* Ich war ein veranlagter Boxer und ein ganz guter Rugby*-Trainer.

Ballspiel für zwei Mannschaften mit je 15 Spielern

GARRISON Darf ich Mr. Pash fragen, Herr Vorsitzender, ob es sein eigener Wunsch war, hier als Zeuge zu erscheinen?

GRAY Colonel Pash?

PASH Nein. Ich wurde von meiner Dienststelle kommandiert.

GRAY Gut, Sie wissen natürlich, Colonel, daß Sie hier nur Ihre eigene Ansicht geben dürfen und jeder etwaigen Weisung entbunden sind. – Das Verhör kann beginnen, Mr. Robb.

ROBB Ich möchte Sie fragen, Colonel, welcher spezielle Auftrag Sie 1943 mit Dr. Oppenheimer in Verbindung brachte?

PASH Ja, im Mai 1943, da kriegte ich den Auftrag, einer möglichen Spionagesache in Berkeley nachzugehen. Wir wußten nicht viel mehr, als daß ein Mann namens ⌜Steve Nelson⌝, ein prominenter kommunistischer Funktionär in Kalifornien, versucht hatte, Informationen über die Radium-Laboratorien zu bekommen. Und zwar über einen Mann, von dem wir wußten, daß sein Vorname Joe war, oder sein Deckname, daß er aus New York kam und daß er Schwestern in New York hatte. Wir gingen der Sache nach, und wir dachten zuerst, daß es Lomanitz wäre. Wir wollten ihn deshalb aus den Laboratorien raus haben und zur Armee abschieben.

ROBB Woran scheiterte das?

PASH Dr. Oppenheimer ließ seine Verbindungen spielen, um Lomanitz zu halten. Es stellte sich dann heraus, daß Lomanitz mit Joe nicht identisch war. Wir dachten eine Zeitlang an David Bohm, dann an Max Friedmann, und fanden schließlich heraus, daß Joe tatsächlich Joseph Weinberg war.

ROBB Was hatte die Untersuchung mit Dr. Oppenheimer zu tun?

PASH Es schien uns merkwürdig, daß alle die Leute, die wir verdächtigten, in irgendeiner Beziehung zu Dr. Oppenheimer standen. Wem wir auf die Zehen traten, der wandte sich an Dr. Oppenheimer.

ROBB Was folgerten Sie daraus?

PASH Wir veranlaßten FBI, im Juni 1943 gegen Dr. Oppenheimer eine Untersuchung wegen Spionageverdachts einzuleiten.

ROBB Leiteten Sie diese Untersuchung?

PASH Ja.

ROBB Was fanden Sie heraus?

PASH Daß Dr. Oppenheimer wahrscheinlich Mitglied der Kommunistischen Partei gewesen ist, daß er der kommunistischen Idee immer noch verbunden war, daß er Verbindungen mit Kommunisten wie ⌜David Hawkins⌝ und Jean Tatlock unterhielt, die ihrerseits Kontakte zu Steve Nelson und über diesen möglicherweise zu den Russen hatten.

ROBB Was folgerten Sie daraus, Colonel?

PASH Wir gaben an Pentagon*, an Mr. Lansdale, das war mein Vorgesetzter, die Empfehlung, Dr. Oppenheimer aus dem Projekt und jedem Regierungsdienst zu entfernen. Falls Dr. Oppenheimer jedoch für unersetzbar angesehen werde, so war unsere Empfehlung, ihm unter dem Vorwand der Bedrohung durch ⌜Achsen-Agenten⌝ zwei Leibwächter zu geben, die von unserer Abteilung

Verteidigungsministerium der USA

speziell ausgebildet wären und die ihn ständig zu überwachen hätten. Zu unserem Kummer wurden unsere Empfehlungen weder von Lansdale noch von Groves akzeptiert.

ROBB Das alles war viele Wochen vor Ihrem Gespräch mit Dr. Oppenheimer, nicht wahr?

PASH Zwei Monate vorher.

ROBB Hat es Sie da nicht überrascht, als Ihnen Dr. Oppenheimer im August seinerseits einen Spionageverdacht anzeigte?

PASH Nicht sehr. Es ist eine verhältnismäßig häufig anzutreffende Reaktion bei Leuten, die erfahren haben, daß eine Untersuchung gegen sie im Gange ist.

ROBB Erinnern Sie sich Ihres Interviews mit Dr. Oppenheimer?

PASH Ich habe es mir gestern noch einmal angesehen. – Wir haben es in Leutnant Johnsons Büro damals aufgenommen. *Er entnimmt seiner Mappe eine Bildkassette.* Hier ist es.

ROBB Können wir es hier sehen?

PASH Es ist vom FBI freigegeben. *Er legt die Kassette in ein Gerät und setzt es in Gang. Oppenheimer ist, 1943, sonnenverbrannt, jugendlich, nur mit Hemd und Hose bekleidet, Pash in Sommeruniform. Das Interview findet in einem Barackenbüro an einem heißen Augusttag in Los Alamos statt. Der vorgeführte Film ist stark verregnet und aus einer Einstellung aufgenommen.*

Bildkassette

PASH Es ist mir ein großes Vergnügen, Dr. Oppenheimer, Sie endlich einmal kennenzulernen und mit Ihnen zu sprechen.

OPPENHEIMER Ganz meinerseits, Colonel.

PASH Nein, nein. Sie sind einer der wichtigsten Männer, die es heute auf der Welt gibt – einer der faszinierendsten ohne jeden Zweifel, und wir sind nur sowas wie die Leute von der Wach- und Schließgesellschaft.* *Lacht.* Ich möchte nicht viel von Ihrer kostbaren Zeit in Anspruch nehmen –

Privates Unternehmen zur Bewachung von Häusern, Geschäften, Fabriken

OPPENHEIMER Soviel Sie haben wollen.

PASH – aber Leutnant Johnson informierte mich gestern, daß Sie es für möglich halten, daß sich eine bestimmte Gruppe für das Projekt interessiert, daß Sie uns freundlicherweise diesen Tip gegeben haben.

OPPENHEIMER Ja, es ist eine Weile her, und ich weiß das nicht aus erster Hand, aber ich glaube, es ist wahr, daß ein Mann vom russischen Konsulat*, dessen Name mir nie genannt wurde, über Mittelsmänner an Leute im Projekt heranzukommen suchte, um anzudeuten, daß er gefahrlos Informationen übermitteln könne.

Ständige Vertretung eines Staates in einem anderen Staat

PASH Informationen für die Russen?

OPPENHEIMER Ja. Wir alle wissen, wie schwierig die Beziehungen zwischen den beiden Alliierten* sind, und es gibt viele Leute, auch nicht rußlandfreundliche, die es nicht in Ordnung finden, daß wir den Russen bestimmte technische Informationen verweigern, Radar und solche Sachen, während sie mit den Nazis um ihr Leben kämpfen.

Gemeint sind: die Sowjetunion und die USA.

PASH Das ist ein echtes Problem. Wirklich. – Sie wissen vielleicht, daß ich von Haus aus Russe bin.

OPPENHEIMER Es gibt Argumente für eine offizielle Information, aber es ist natürlich indiskutabel, solche Informationen durch die Hintertür rausgehen zu lassen.

PASH Könnten Sie uns etwas genauer beschreiben, wie diese Kontaktversuche vor sich gegangen sind?

OPPENHEIMER Sie wurden auf eine sehr indirekte Weise versucht, gut, ich weiß von zwei oder drei Fällen. Zwei oder drei Leute sind mit mir in Los Alamos, und sie stehen mir sehr nahe. Ich möchte Ihnen deshalb nur einen Namen nennen, der einige Male auftaucht, und der möglicherweise ein Mittelsmann ist. Er heißt Eltenton.

PASH Eltenton? Arbeitet er im Projekt?

OPPENHEIMER Nein. In der Forschungsabteilung von Shell; oder er hat dort gearbeitet.

PASH Wurden die Kontakte von Eltenton selber gemacht?

OPPENHEIMER Nein.

PASH Durch Dritte?

OPPENHEIMER Ja.

PASH Würden Sie uns bitte sagen, wer diese Kontakte gemacht hat?

OPPENHEIMER Ich denke, das wäre nicht richtig. Ich möchte die Leute nicht hineinverwickeln, die nicht verwickelt sind. Das wäre nicht fair. Sie haben sich mir anvertraut und hundertprozentig loyal verhalten. Das ist eine Vertrauensfrage.

PASH Es ist ganz klar, daß wir diesen Leuten nicht mißtrauen, Doktor, so wenig etwa, wie wir Ihnen mißtrauen. – *Er lacht.* Das wäre absurd. Aber wir brauchen den Mittelsmann, um in das Netz zu kommen.

OPPENHEIMER Ich möchte Ihnen den Namen nicht geben, weil ich meine Hand für ihn ins Feuer lege. – Wenn Eltenton kommt und sagt, daß er gute Verbindungen zu einem Mann in der russischen Botschaft hat, der einen Haufen Erfahrungen mit Mikrofilmen oder weiß der Teufel was hat, dann ist das ein anderer Schuh.

PASH Ich möchte natürlich möglichst viel aus Ihnen herausquetschen. Wenn wir erst einmal Blut geleckt haben – wir Bluthunde – *er lacht* – dann sind wir hartnäckig.

OPPENHEIMER Sie müssen hartnäckig sein.

PASH Es freut mich jedenfalls, daß Sie zu unserer Arbeit eine so positive Einstellung haben. Das ist für manchen Wissenschaftler nicht leicht.

OPPENHEIMER Von wem sprechen Sie?

PASH *lacht:* Ich spreche nicht von ⌜Niels Bohr⌝ – *er lacht* –, dem ich drei Stunden erklärt habe, was er alles nicht sagen darf, und der das alles in der ersten halben Stunde Eisenbahnfahrt gesagt hatte. *Oppenheimer lacht.* Als wir ihn von Dänemark herüberbrachten, zogen wir ihn bewußtlos aus dem Flugzeug, weil er vergessen hatte, die Sauerstoffmaske zu bedienen, die wir ihm angelegt hatten. Wir flogen in 12000 Meter Höhe.

Er lacht.

Der Beamte stellt das Gerät ab.

EVANS *wendet sich an Oppenheimer:* War Niels Bohr bei Ihnen in Los Alamos?

OPPENHEIMER Eine kurze Zeit, unter einem Code-Namen*, wie wir alle, Nicolas Baker. Er wollte nicht bleiben.

Decknamen; Namen, die man zum Schutz vor Entdeckung annimmt

EVANS Warum nicht?

OPPENHEIMER Er schimpfte, daß wir die Wissenschaft zu einem Appendix* des Militärs machten, und wenn wir den Militärs den Atomknüppel einmal in die Hand gäben, dann würden sie damit auch zuschlagen. Das quälte ihn.

(lat.) Anhängsel

EVANS Er war der reizendste Mensch, den ich jemals kennengelernt habe.

ROLANDER Geht aus dem Tonband nicht ganz klar hervor, Sir, daß Sie zu Colonel Pash von ›einem Mann in der russischen Botschaft‹ gesprochen haben, ›der einen Haufen Erfahrungen mit Mikrofilmen hat‹?

GARRISON ›Mit Mikrofilmen oder weiß der Teufel was‹, war die Formulierung.

ROLANDER Wenn Sie einen Freund, den Sie für unschuldig halten, vor den Sicherheitsbehörden schützen wollen, Sir, warum belasten Sie ihn dann mit russischer Botschaft, Mikrofilm und drei Kontakten? Ich finde den Grund nicht.

OPPENHEIMER Ich finde auch keinen.

ROLANDER Sie haben keine Erklärung?

OPPENHEIMER Keine logisch klingende.

ROBB Haben Sie eine Erklärung für Dr. Oppenheimers Verhalten, Colonel Pash?

PASH Ja. Daß Dr. Oppenheimer damals die Wahrheit sagte.

ROBB Sie halten die Geschichte, die Dr. Oppenheimer hier eine Räuberpistole genannt hat, für wahr?

PASH Ja. Und ich halte die spätere Verharmlosung der Sache für eine Räuberpistole. Dr. Oppenheimer berichtete uns drei wirkliche Kontaktversuche, um unser Vertrauen zu behalten, falls unsere Nachforschungen auf diese Kontakte gestoßen wären, was er befürchtete. Als unsere Ermittlungen dann weniger ergiebig waren, bagatellisierte* er die Geschichte.

verharmloste

ROBB War das auch damals Ihre Meinung?

PASH Ja, ich teilte das Lansdale mit.

ROBB Und Lansdale?

PASH Die ganze Sache löste sich auf wie blauer Rauch, als Dr. Oppenheimer Chevalier und sich selber nannte. Es gab noch ein paar Recherchen, aber schließlich wurde die ganze haarige Geschichte in goldgelber Butter gebacken und geschluckt.

ROBB Würden Sie Dr. Oppenheimer nach Ihrer Kenntnis der Akten von FBI und Ihrer eigenen Erfahrung die Sicherheitsgarantie erteilen?

PASH Ich hätte sie damals nicht erteilt und ich würde sie heute nicht erteilen.

ROBB Standen Sie mit Ihrer Ansicht allein da?

PASH Ich glaube, alle Sicherheitsleute unterhalb der Linie Lansdale und General Groves teilten sie damals.

ROBB Vielen Dank, Colonel.

GRAY *zu Oppenheimers Anwälten:* Wollen Sie Colonel Pash im Kreuzverhör haben?

MARKS Ja. – Ich will Ihnen eine psychologische Frage stellen, Mr. Pash. Ist Dr. Oppenheimers Persönlichkeit leicht verstehbar oder eher kompliziert?

PASH Äußerst kompliziert. Und äußerst widerspruchsvoll.

MARKS Man muß ihn also gut kennen, um zu einem stichhaltigen Urteil zu kommen?

PASH Ja.

MARKS Wie gut kennen Sie Dr. Oppenheimer?

PASH Ich kenne ihn sehr gut, insofern ich seine Akten sehr gut kenne.

MARKS Wie oft haben Sie mit ihm gesprochen?

PASH Einmal.

MARKS Lernt man einen Menschen besser aus seinen Akten oder aus persönlichen Gesprächen kennen?

PASH In unserer Arbeit würde ich den Akten den Vorzug geben. Sie sind die Summe aller Erfahrungen, die ein einzelner Mensch nicht machen kann.

MARKS Wie lange werden Dr. Oppenheimers Handlungen von den Sicherheitsbehörden, insbesondere von FBI, verfolgt?

PASH Dreizehn oder vierzehn Jahre.

MARKS Hat sich in dieser Zeit ein Nachweis ergeben, daß Dr. Oppenheimer indiskret gewesen ist?

PASH Kein Nachweis.

MARKS Oder unloyal?

PASH In der Chevaliergeschichte hat er ohne Zweifel die Loyalität, die er einem Freunde gegenüber empfand, der Loyalität gegenüber Amerika vorgezogen.

MARKS Hat sich Chevalier als unschuldig erwiesen?

PASH Es konnte ihm eine Schuld nicht nachgewiesen werden.

MARKS Was passierte mit ihm?

PASH Er wurde in Berkeley gefeuert und natürlich überwacht.

MARKS Wenn Dr. Oppenheimer diese Folge vorausgesehen hätte, wäre es dann nicht verständlich, daß er einige Wochen zögerte, den Namen zu nennen?

PASH Nein, nicht wenn es um die Sicherheit des Landes geht. Man muß von einem Wissenschaftler dieses Ranges eine uneingeschränkte Loyalität verlangen. Das ist nach meiner Meinung eine Charakter- und Herzenssache.

MARKS Ist Ihnen bekannt, daß FBI die Chevalier-Episode 1946 nochmals untersucht hat?

PASH Ja.

MARKS Daß ⌜Mr. Hoover⌝, der Chef von FBI, dabei eingeschaltet war?

PASH Ja.

MARKS Und daß man danach Dr. Oppenheimer die Sicherheitsgarantie ohne Einschränkung erteilte?

PASH Ich hätte den sehen wollen, der bei Dr. Oppenheimers Prestige und Einfluß im Jahre 1946 die Sicherheitsgarantie angezweifelt hätte. Er war damals ein Gott.

MARKS Das waren meine Fragen.

GRAY Weitere Fragen an Colonel Pash?

Evans bittet ums Wort.

Dr. Evans.

EVANS Wozu ich einen Experten immer einmal hören wollte, es interessiert mich, es ist etwas allgemein: Ist nach Ihrer Meinung an einem geheimen Kriegsprojekt eine hundertprozentige Sicherheit erreichbar, Mr. Pash?

PASH Nein. Es wäre eine fünfundneunzigprozentige Sicherheit erreichbar, wenn die Wissenschaftler und Techniker sorgfältig genug ausgewählt wären, und wenn sie darin ausgebildet würden, unsere Probleme zu verstehen.

EVANS Wie meinen Sie das?

PASH Sie müssen begreifen, daß sie heutzutage Fachleute in einem sehr großen Unternehmen sind, die ihre Teilarbeit zu machen haben, die sie anderen Fachleuten, Politikern, Militärs, abliefern, die darüber befinden, was damit gemacht wird. Und wir sind die Fachleute, die aufpassen, daß uns niemand in den Topf guckt. Wenn wir unsere Freiheit erfolgreich verteidigen wollen, so müssen wir bereit sein, auf gewisse Freiheiten zu verzichten.

EVANS Ich weiß nicht, ich habe kein gutes Gefühl dabei, es war mir interessant, die Ansicht eines Fachmannes zu hören.

GRAY Weitere Fragen? – Mr. Morgan.

MORGAN Glauben Sie, daß Dr. Oppenheimers kommunistische Sympathien sein Verhalten in der Chevalier-Sache bestimmt haben?

PASH Ohne jeden Zweifel. Obwohl ich zu der Ansicht gekommen bin, daß Dr. Oppenheimer nur zwei Dingen seine volle Loyalität geben kann: der Wissenschaft und seiner Karriere.

GARRISON Halten Sie Mr. Lansdale, Ihren damaligen Vorgesetzten, für einen schlechten Sicherheitsfachmann, Mr. Pash?

PASH Nein. Er ist der beste Amateur*, den ich kennengelernt habe. Was ihm vielleicht fehlt, das ist die Härte, die unser Geschäft braucht.

Nichtfachmann

GRAY Wenn keine weiteren Fragen sind, dann danke ich Ihnen, daß Sie hier erschienen sind.

Pash erhebt sich und verläßt den Raum.

Wir wollen jetzt Mr. Lansdale hereinbitten.

Ein Beamter geht hinaus, Lansdale zu holen.

ROBB Damit wir das Protokoll vollständig haben, Dr. Oppenheimer: Sie blieben mit Chevalier in guter Verbindung, nicht wahr?

OPPENHEIMER Ja.

ROBB Wann sahen Sie sich das letzte Mal?

OPPENHEIMER Vor einigen Monaten, in Paris.

ROBB Doktor, wann hat Ihr Freund Haakon Chevalier zum ersten Mal erfahren, daß Sie es waren, der seinen Fall den Sicherheitsbehörden berichtet hat?

OPPENHEIMER Ich nehme an, er wird es diesem Verfahren entnehmen.

EVANS Sie haben ihm nie gesagt, ich meine das ist fast privat, daß Sie die Sache in Gang gebracht haben?

OPPENHEIMER Nein.

EVANS Warum nicht?

OPPENHEIMER Er hätte es nicht verstanden, glaube ich.

Der Beamte öffnet die Tür und sieht fragend zu dem Vorsitzenden.

GRAY Ist Mr. Lansdale da?

Der Beamte geleitet Lansdale in den Zeugenstand.

Wollen Sie unter Eid aussagen, Mr. Lansdale?

LANSDALE Wie Sie wollen.

GRAY Die bisherigen Zeugen haben das getan.

LANSDALE Dann wollen wir das einheitlich halten.

GRAY John Lansdale, schwören Sie, daß Sie hier die Wahrheit sagen wollen, die ganze Wahrheit und nichts als die Wahrheit?

LANSDALE Das schwöre ich.

GRAY Sie arbeiten gegenwärtig als Anwalt, Mr. Lansdale?

LANSDALE Ja, in Ohio*.

Staat im mittleren Osten der USA

GRAY Wo haben Sie studiert?

LANSDALE ⌜Harvard⌝.

GRAY Sie waren für die Sicherheit des ganzen Atomwaffenprojekts verantwortlich, nicht wahr?

LANSDALE Während des Krieges.

GRAY Das Verhör kann beginnen, Mr. Garrison.

GARRISON Hatten Sie Dr. Oppenheimer die Sicherheitsgarantie zu erteilen?

LANSDALE Oder zu verweigern, ja. Eine schwierige Entscheidung.

GARRISON Wieso?

LANSDALE Nach Meinung der Experten war Oppenheimer der einzige Mann, der Los Alamos verwirklichen konnte. Andererseits sahen die FBI-Berichte über ihn nicht gut aus. FBI empfahl, Dr. Oppenheimer aus dem Projekt zu entfernen. Ich mußte also zu einem eigenen Urteil kommen.

GARRISON Wie machten Sie das?

LANSDALE Ich ordnete an, daß er überwacht wurde.

GARRISON Wie ging das vor sich?

LANSDALE Wir beschatteten ihn, öffneten seine Post, hörten seine Telefongespräche ab, stellten ihm Fallen – gut, wir wandten alle die dreckigen Sachen an, die üblich sind. Und während der ganzen Zeit unterhielt ich mich so oft wie möglich mit ihm und seiner Frau. Ich glaube, er mochte mich gut leiden. Er sprach jedenfalls sehr offen.

GARRISON Welchen Zweck hatten diese Gespräche?

LANSDALE Ich wollte herausfinden, was er für ein Mensch ist, was er denkt, wie er denkt, um schließlich beurteilen zu können, ob er ein Kommunist sei, wie FBI vermutet, oder nicht.

GARRISON Zu welcher Meinung kamen Sie?

LANSDALE Daß er kein Kommunist sei, und daß man ihm die Sicherheitsgarantie erteilen solle, was immer in den Berichten stehe.

GARRISON Es ist Dr. Oppenheimer hier vorgeworfen worden, daß er sich geweigert hat, seinen Freund Chevalier zu identifizieren. Wie beurteilen Sie das?

LANSDALE Ich fand es nicht richtig, auch ein bißchen weltfremd, anzunehmen, daß er damit bei uns durchkommen würde. Sein Motiv war, daß er Chevalier für unschuldig hielt, und daß er ihn vor Schwierigkeiten bewahren wollte. Kurioserweise* dachte ich immer, daß er seinen Bruder Frank schützen wolle, und General Groves dachte das auch.

Sonderbarerweise, seltsamerweise

GARRISON Ist durch seine Weigerung die Sicherheit des Projektes gefährdet worden?

LANSDALE Nein. Wir haben mehr Arbeit gehabt, besonders durch diese Geschichte, die er uns auftischte. Sie war typisch.

GARRISON Wofür?

LANSDALE Wissenschaftler halten Sicherheitsleute entweder für ungeheuer dumm oder für ungeheuer raffiniert*, jedenfalls aber für inkompetent*.

durchtrieben, schlau

Hier: unfähig

EVANS O, wir erklären Sie das?

LANSDALE Der Geist der Wissenschaft und die militärischen Sicherheitserfordernisse, das ist ein bißchen, als wenn Vögel und Nashörner miteinander Ball spielen. Jeder findet den anderen unmöglich und jeder hat recht.

EVANS Wer sind die Nashörner?

LANSDALE Das sind sehr nette Tiere.

GARRISON Colonel Pash hat hier zu Protokoll gegeben, daß er die Geschichte mit den drei Kontakten, Mikrofilm und dem Mann in der sowjetischen Botschaft nach wie vor für die wahre Geschichte hält.

LANSDALE Ich weiß, aber er befindet sich nicht in Übereinstimmung mit unseren Ermittlungen.

GARRISON Wurden die Ermittlungen abgeschlossen?

LANSDALE Sie wurden dreimal abgeschlossen, 1943, 1946 und 1950. Sie werden jetzt zum vierten Male abgeschlossen, hoffe ich. Die ganze Sache war ein ⌜Windei⌝.

GARRISON Wenn Sie Dr. Oppenheimer die Sicherheitsgarantie heute erteilen sollten, würden Sie das tun?

LANSDALE Nach unseren damaligen Kriterien unbedingt. Ich möchte es nicht unternehmen, die heutigen Maßstäbe zu untersuchen. Unsere waren Loyalität und Verschwiegenheit.

GARRISON Ich danke Ihnen, Mr. Lansdale.

GRAY Wollen Sie Mr. Lansdale im Kreuzverhör, Mr. Robb?

ROBB Das macht Mr. Rolander.

ROLANDER Ich habe Sie so verstanden, Sir, daß Sie Ihre Meinung dazu, ob Sie Dr. Oppenheimer die Sicherheitsgarantie nach unseren heutigen Kriterien erteilen würden, nicht gegeben haben?

LANSDALE Weil mir diese Kriterien fremd sind. Ich kenne sie, aber sie sind mir fremd, ich will ihre Zweckmäßigkeit nicht erörtern. Nach den Erfahrungen, die ich mit Dr. Oppenheimer gemacht habe, halte ich ihn für vollständig loyal und sehr verschwiegen.

ROLANDER Seine Diskretion war gut?

LANSDALE Sehr gut.

ROLANDER Schließt Ihre Vorstellung von sehr guter Diskretion die Tatsache ein, daß man die Nacht mit einer Kommunistin verbringt?

LANSDALE Mr. Rolander, wenn Sie sich jemals aus ganzer Seele in ein Mädchen verlieben sollten, das kommunistische Ansichten hat, und sie bittet Sie um eine Zusammenkunft, weil sie unglücklich ist, dann hoffe ich, Sie gehen zu ihr hin, um sie zu trösten, und Sie lassen das Tonband zu Hause.

ROLANDER Sie haben meine Frage nicht beantwortet, Sir.

LANSDALE Die Frage nach Jean Tatlock ist 17mal beantwortet worden, Mr. Rolander. Dr. Oppenheimer wurde von uns überwacht. Ich habe die Tonbänder gehört und vernichtet.

ROLANDER Warum?

LANSDALE Weil es für alle Dinge Grenzen gibt, Mr. Rolander!

ROLANDER Ich verstehe Sie nicht, Sir.

LANSDALE Das tut mir leid.

GRAY Ich denke, wir sollten diesen Komplex als geklärt ansehen, Mr. Rolander.

ROBB Ist Ihnen der Name Steve Nelson geläufig?

LANSDALE Ja.

ROBB Wer war das?

LANSDALE Ein kommunistischer Funktionär aus Kalifornien, von dem es heißt, daß er Ende 43 oder so erfahren haben soll, daß wir an Atomwaffen arbeiten.

ROBB Von wem soll er das erfahren haben?

LANSDALE Es hieß, es gab die Vermutung von FBI, daß er dies durch Jean Tatlock oder Mrs. Oppenheimer erfahren haben könnte. Unsere Ermittlungen –

ROBB Wenn Sie sich nur auf meine Frage beschränken würden, Mr. Lansdale.

LANSDALE Ich darf meinen Satz beenden. Unsere Ermittlungen erbrachten keinen Anhalt für diese Vermutung.

ROBB Konnten Ihre Ermittlungen diese Möglichkeit vollständig ausschließen?

LANSDALE Wir fanden keinen Anhaltspunkt.

ROBB Ohne jedoch sagen zu wollen, daß Sie die Möglichkeit vollständig ausschließen?

LANSDALE Bitte, wenn Sie wollen.

ROBB Eine Frage an Dr. Oppenheimer.

GRAY Bitte.

ROBB Würden Sie Steve Nelson einen guten Bekannten nennen?

OPPENHEIMER Nein. Er war ein Bekannter meiner Frau. Er war mit ihrem ersten Mann in Spanien. Er hat uns zwei-, dreimal besucht, als er in Berkeley war, bis 1942 etwa.

ROBB Worüber haben Sie da gesprochen?

OPPENHEIMER Keine Ahnung. Persönliche Dinge. Er war mit seiner Frau da, glaube ich.

ROBB War Jean Tatlock gut mit ihm bekannt?

OPPENHEIMER Flüchtig. Sie hatte keine persönliche Beziehung zu ihm.

ROBB Wenn ihn Jean Tatlock also tatsächlich aufgesucht hätte, Doktor, dann müßte man politische Motive dafür annehmen, nicht wahr?

OPPENHEIMER Das kann ich nicht beantworten. Hätte, würde, müßte.

ROBB Es ist eine hypothetische* Frage, Doktor, zugegeben, ich will sie so herum stellen: Wenn Jean Tatlock durch irgend jemanden etwas über unser Atomwaffenprojekt erfahren hätte, angenommen nur, halten Sie es dann nach der Kenntnis ihrer Psychologie für ausgeschlossen, daß sie das Steve Nelson anvertraut hätte?

* auf einer unbewiesenen Vermutung beruhende

OPPENHEIMER Sie hat es von mir nicht erfahren.

ROBB Könnten Sie einen etwaigen solchen Besuch mit ihrem tragischen Ende in gar keinen Zusammenhang bringen? *Oppenheimer schweigt.* Ich habe Ihnen eine Frage gestellt, Doktor?

OPPENHEIMER Ich weiß, und ich habe sie nicht beantwortet.

ROBB Herr Vorsitzender –

GARRISON Herr Vorsitzender –

GRAY Einem früheren Antrag der Verteidigung von Dr. Oppenheimer folgend, wollen wir die Frage von Mr. Robb nicht zulassen. Im Zeugenstand ist Mr. Lansdale.

ROLANDER Sie haben hier gesagt, Sir, daß die Lügengeschichte von Dr. Oppenheimer nach Ihrer Meinung typisch gewesen sei.

LANSDALE Sein Verhalten war typisch.

ROLANDER Typisch für wen?

LANSDALE Für die Wissenschaftler.

ROLANDER Dr. Oppenheimer hat hier bezeugt, daß er Colonel Pash und Sie belogen hat. Ist das für Wissenschaftler charakteristisch?

LANSDALE Es ist für sie charakteristisch, daß sie von sich aus entscheiden wollen, welche Informationen ich brauche und welche nicht.

ROLANDER Ich habe Sie aber gefragt, ob Sie die Wissenschaftler als Gruppe für Lügner halten?

LANSDALE Ich halte keine Gruppe für Lügner. Aber hervorragende Leute haben die Tendenz, sich auch in Fragen für kompetent zu halten, in denen sie nicht kompetent sind.

ROLANDER Nach Ihrer Ansicht, Sir, ging es damals darum, einen ernsten Spionageverdacht aufzuklären, nicht wahr?

LANSDALE Ja. Gut, ja.

ROLANDER Und Dr. Oppenheimer wußte das, als er ihnen den Namen von Chevalier verweigerte.

LANSDALE Ja.

ROLANDER Und Sie sagten ihm, daß das Ihre Untersuchung ernstlich erschwerte?

LANSDALE Es war nicht der erste und nicht der letzte Wissenschaftler, der meine Untersuchungen erschwerte.

ROBB Haben Sie das Gefühl, Dr. Oppenheimer hier verteidigen zu müssen, Mr. Lansdale?

LANSDALE Ich versuche, so objektiv wie möglich zu sein.

ROBB Ihre letzte Antwort ließ mich daran zweifeln.

LANSDALE *die Fassung verlierend:* Mich ließen die Fragen dieses jungen Mannes daran zweifeln, daß hier die Wahrheit gefunden werden soll! Ich bin äußerst beunruhigt von der gegenwärtig umlaufenden ⌈Hysterie⌉, die in diesen Fragen ihren Ausdruck findet!

ROBB Meinen Sie, daß dieses Verfahren ein Ausdruck von Hysterie ist?

LANSDALE Ich meine –

ROBB Ja oder nein?

LANSDALE Ich lehne es ab, mit ja oder nein zu antworten! Wenn Sie so fortfahren wollen –

ROBB Was?

LANSDALE *seine Besonnenheit wiederfindend:* Wenn Sie mich ausreden lassen, will ich Ihre Frage gern beantworten.

ROBB Ich bitte darum.

LANSDALE Ich bin der Ansicht, daß die gegenwärtig umlaufende Kommunistenhysterie für die Art unseres Zusammenlebens und unsere Form der Demokratie gefährlich ist. An die Stelle von gesetzlichen Kriterien treten Furcht und Demagogie*. Was heute getan wird, was so viele Leute heute tun, sie starren auf Ereignisse aus dem Jahre 1941, 1942 und beurteilen sie mit ihren gegenwärtigen Gefühlen. Aber man muß Verhaltensweisen aus ihrer Zeit begreifen. Wenn jemand Verbindungen aus den 30er oder 40er Jahren so beurteilt, wie er ähnliche Verbindungen beurteilen würde, dann halte ich das für einen Ausdruck der verbreiteten Hysterie.

(griech.) politische Hetze, Volksaufwiegelung

ROBB Also, Mr. Lansdale, ist es zutreffend, daß Sie dieses Verhör –

LANSDALE Verflucht, ich wurde damals runtergemacht, weil ich den politischen Kommissar der Spanien-Brigade in die Armee nicht hatte einstellen lassen, und er wurde dann auf direkte Weisung des Weißen Hauses eingestellt! So war das damals. – Was soll da die Wiederkäuerei von altem, längst erledigtem Stoff aus dem Jahre 1940 oder 1943? Das verstehe ich unter Hysterie.

ROBB Woher wissen Sie, daß der Ausschuß hier alten Stoff wiederkäut?

LANSDALE Ich weiß es nicht. Ich hoffe, ich habe unrecht.

ROLANDER Kann man sagen, Sir, daß die Sicherheitsoffiziere unter Ihrem Rang einmütig dagegen waren, Dr. Oppenheimer die Sicherheitsgarantie zu erteilen?

LANSDALE Wenn ich mich nur auf die FBI-Berichte gestützt hätte, dann wäre ich auch dagegen gewesen. Aber den Erfolg von Los Alamos, die Atombombe, das war Dr. Oppenheimer.

ROLANDER Danke, Sir.

GRAY Weitere Fragen an den Zeugen? – Mr. Morgan.

MORGAN Mr. Lansdale, als Sie zu der Ansicht kamen, daß Dr. Oppenheimer kein Kommunist sei, was verstanden Sie da unter einem Kommunisten?

LANSDALE Einen Menschen, der sich Sowjetrußland tiefer verpflichtet fühlt als seinem eigenen Land. Sie werden bemerken, daß diese Definition nichts mit philosophischen und politischen Ideen zu tun hat.

MORGAN Welche Richtung hatten Dr. Oppenheimers politische Ideen?

LANSDALE Sie waren extrem liberal.

MORGAN Meinen Sie, daß sich das von rot immer unterscheiden läßt?

LANSDALE Für viele nicht.

MORGAN Wenn ich Sie recht verstanden habe, sind Sie im Gegensatz zu Colonel Pash nicht der Ansicht, daß sich Dr. Oppenheimer durch sein Verhalten in der Chevalier-Sache disqualifiziert hätte?

LANSDALE Nein.

MORGAN Ich bin ein alter Geschäftsmann, ein Praktiker. Wenn Sie gestatten, möchte ich Ihnen eine hypothetische Frage stellen.

LANSDALE Bitte.

MORGAN Nehmen wir an, Sie wären der Präsident einer großen Bank.

LANSDALE Gern.

MORGAN Würden Sie einen Mann anstellen, der mit Bankräubern intim befreundet war? Würden Sie ihn als Bankdirektor einstellen?

LANSDALE Wenn er erstklassig ist?

MORGAN Gut, Sie haben so einen Bankdirektor. Er macht glänzende Geschäfte. – Zu diesem Bankdirektor kommt eines Tages ein Freund und sagt: »Ich habe ein paar gute Bekannte, tüchtige Leute, die wären sehr daran interessiert, diese Bank hier auszurauben. Es kann gar nichts passieren. Du brauchst nur die Warnanlage mal ein bißchen außer Betrieb zu halten.« Ihr Bankdirektor weist die Zumutung zurück, sagen wir mit starken Worten. Angenommen, er berichtet Ihnen den Vorfall erst nach sechs Monaten, im Zusammenhang mit einem unaufgeklärten Bankraub in Chicago* meinetwegen, würden Sie sich da nicht wundern?

Stadt in Illinois, USA

LANSDALE Ich würde ihn fragen, warum er erst jetzt damit rausrückt.

MORGAN Angenommen, er sagt zu Ihnen: »Der Mann, der mich damals gefragt hat, ist ein guter Freund von mir, ich hab das nicht ernstgenommen, ich bin sicher, daß er selber nichts damit zu tun hat, deshalb möchte ich ihm keine Ungelegenheiten machen. Wegen Chicago mache ich Sie aber auf den Burschen aufmerksam, von dem damals die Initiative* ausgegangen ist.« Würden Sie dann nicht auch den Namen des Freundes verlangen?

Erster Anstoß

LANSDALE Wahrscheinlich. Natürlich auch prüfen, ob es eine wirklich ernste Sache war, oder bloß Geschwätz.

MORGAN Jetzt angenommen, er erzählt Ihnen die Geschichte so: »Mein Freund hat mir damals gesagt, daß die Burschen, die er kennt, eine Reihe von Banken knakken wollen. Mit allen Schikanen.*« Hätten Sie daraus nicht geschlossen, daß man die Sache der Polizei übergeben muß?

Mit allem, was dazu gehört.

LANSDALE Ja.

MORGAN Gut, Ihr Bankdirektor ist jetzt unter Druck gesetzt, den Namen seines Freundes zu nennen. Da kommt er zu Ihnen und sagt: »Mr. Lansdale, ich habe Ihnen doch kürzlich eine Geschichte von meinem Freund erzählt mit diesen Burschen. Tränengas, Maschinenpistolen und so weiter. Das Ganze war eine Räuberpistole. Es ist nichts davon wahr. Ich wollte meinen Freund nur vor Unannehmlichkeiten schützen.« Würden Sie sich da nicht fragen: Wieso? Was steckt dahinter? Schützt man einen Freund, indem man eine fürchterliche Räuberpistole über ihn erzählt?

LANSDALE Ich würde mich das sicher gefragt haben. Aber ich würde mich das nicht 12 Jahre später fragen, wenn sich herausgestellt hat, daß niemand von den Leuten eine Bank ausgeraubt hat.

MORGAN Kennen Sie alle Banken Amerikas, Mr. Lansdale?

LANSDALE Die Bank, von der Sie sprechen, kenne ich ganz gut. – Die Analogie* ist unzutreffend.

Hier: Vergleich

MORGAN Ich würde Ihnen zugeben, sie ist plump. Eine meiner einträglichsten Fähigkeiten, plump zu denken.

GRAY Noch Fragen an Mr. Lansdale? – Bitte, Mr. Evans.

EVANS Ich habe das schon Mr. Pash gefragt, ich war von seiner Antwort nicht befriedigt, es liegt möglicherweise an meiner Frage: Gibt es für ein Kriegsprojekt eine hundertprozentige Sicherheit?

LANSDALE Nein.

EVANS Woran liegt das?

LANSDALE Um eine hundertprozentige Sicherheit zu haben, müßten wir alle die Freiheiten aufgeben, die wir zu verteidigen wünschen. Das ist kein gangbarer Weg.

EVANS Welchen gangbaren Weg sehen Sie, einem Land ein Höchstmaß an Sicherheit zu geben?

LANSDALE Wir müssen dafür sorgen, daß wir die besten Ideen und die beste Art zu leben haben.

EVANS Ich bin kein Fachmann, aber meinem Gefühl nach hätte ich das so ähnlich formuliert. Es ist nicht leicht.

LANSDALE Nein.

EVANS Das ist alles.

GRAY Schönen Dank, Mr. Lansdale. –

Lansdale erhebt sich.

EVANS Noch eine Frage vielleicht, eine ebenso laienhafte, oder naive auch. Wenn ich mir das Ergebnis so ansehe von dieser strikten Geheimhaltung, dieser Sicherheitsapparate auf allen Seiten, ich meine, wir sitzen etwas unkomfortabel auf dieser Welt aus ⌜Schießbaumwolle⌝, überall, wäre da nicht zu fragen, ob diese Geheimnisse nicht am besten zu hüten sind, indem ich sie bekanntmache?

LANSDALE Wie meinen Sie das?

EVANS Indem ich den Wissenschaftlern ihr altes Recht zurückgebe, oder sie sogar verpflichte meinetwegen, ihre Ergebnisse zu veröffentlichen?

LANSDALE Das ist ein so utopisch* ferner Traum gegenwärtig, daß er nicht einmal den Kindern erlaubt ist, Doktor Evans. – Die Welt ist in Ziegen und Schafe fertig eingeteilt, und wir sind im Schlachthaus drin.

schwärmerisch, unerfüllbar, wirklichkeitsfremd

EVANS Ich bin kein Fachmann, wie gesagt.

GRAY Schönen Dank, Mr. Lansdale.

Lansdale verläßt den Raum.

Wir schließen die heutige Sitzung und vertagen uns. Wir kommen dann zu Dr. Oppenheimers Verhalten in der Frage der Wasserstoffbombe.

Pause.

Zweiter Teil

7. Szene

Robb und Rolander kommen, dann Garrison und Marks, dann Evans, dann Morgan mit Gray.

MORGAN Was ich befürchtet habe, ist eingetreten. »New York Times« hat den Brief der Atomenergiekommission und Oppenheimers Antwort veröffentlicht. Sie kündigt eine Serie an.

GRAY So können wir uns gratulieren.

ROBB Die Briefe wurden nicht von uns, sondern von den Herren der anderen Seite freigegeben, glaube ich.

GARRISON Nachdem die Zeitungen bisher nur Ihre Informationen bekamen.

ROBB Ihre Version, Mr. Garrison. FBI konnte das Leck unglücklicherweise nie herausfinden.

MARKS Ich habe hier ein paar Aufmacher, die schwerlich von uns kommen. *Er liest die Schlagzeilen vor:*
»Der Gedankenverräter, der Amerikas Atommonopol zerstört hat.«
»Vater der Atombombe ein Spion?«
»Der Mann, der seine Freunde verraten hat.«
Und so weiter, und so weiter, mit den entsprechenden Fotos und Fehlinformationen.

ROBB ›Der Märtyrer, der aus moralischen Gründen gegen den Bau der Wasserstoffbombe gekämpft hat‹, habe ich hier. »Oppenheimer, eine amerikanische ⌜Affaire Dreyfus⌝«.

GRAY Ich habe diese Kampagne nie gebilligt.

EVANS *indem er alle Taschen nach einem Brief durchsucht, um ihn nicht zu finden:*

Meine Tochter, verzeihen Sie, schickte mir gestern einen Leserbrief, in einer Zeitung im Süden abgedruckt, da wünscht sich ein Modefriseur, auch im Namen seiner Frau, man möge, ehe die Roten kommen, die langhaarigen Eierköpfe mal drei Tage der Bevölkerung ausliefern.

Er stellt die Suche mit einer resignierenden Geste ein.

GRAY Wir haben die Situation, die wir vermeiden wollten. Unsere Anhörung beherrscht die öffentliche Diskussion Amerikas.

EVANS Was hat das alles mit Physik zu tun?

Von allen unbemerkt ist Oppenheimer eingetreten und räuspert sich. Lichtwechsel. Alle Beteiligten nehmen ihre gewohnten Plätze ein.

Textprojektion oder Lautsprecheransage:

DAS VERHÖR TRAT IN SEINE ENTSCHEIDENDE PHASE.
LOYALITÄT EINER REGIERUNG GEGENÜBER,
LOYALITÄT GEGENÜBER DER MENSCHHEIT.

Dichotomy of ind. vs. goverment

ROBB Ich möchte jetzt auf die thermonuklearen* Probleme kommen, Doktor.

Die bei einer Kernreaktion auftretende Wärme betreffend

OPPENHEIMER Einverstanden.

ROBB Ich zitiere aus dem Brief der Atomenergiekommission, Seite 6, unten: »Es wurde fernerhin berichtet, daß Sie sich im Herbst 1949 und in der darauffolgenden Zeit der Entwicklung der Wasserstoffbombe entschieden widersetzten, und zwar 1. aus moralischen Gründen, 2. indem Sie behaupteten, daß sie nicht herstellbar sei, 3. indem Sie behaupteten, daß es keine ausreichenden technischen Anlagen und nicht genügend wissenschaftliches Personal für diese Entwicklung gäbe, 4. weil sie politisch nicht wünschenswert sei.« Ist diese Feststellung wahr?

OPPENHEIMER Teilweise. Auf eine bestimmte Situation des Herbstes 1949 und auf ein bestimmtes technisches Programm bezogen.

ROBB Welche Teile sind wahr und welche nicht, Doktor?

OPPENHEIMER Das steht in meinem Antwortbrief.

ROBB Ich hätte das gerne etwas klarer.

OPPENHEIMER Wir wollen es probieren.

ROBB Ich habe hier einen Bericht des ⸢Wissenschaftlichen Rates⸣, dessen Vorsitzender Sie waren. Er ist vom Oktober 1949, er antwortet auf die Frage, ob die Vereinigten Staaten die Wasserstoffbombe in einem Dringlichkeitsprogramm herstellen sollen oder nicht. Erinnern Sie sich dieses Berichtes? *Er reicht Oppenheimer eine Kopie.*

OPPENHEIMER Ich habe ihn geschrieben, den Mehrheitsbericht.

ROBB Es heißt da, Mr. Rolander ist so freundlich, uns das vorzulesen:

ROLANDER »Die Tatsache, daß der Zerstörungskraft dieser Waffe keine Grenzen gesetzt sind, macht ihre Existenz zu einer Gefahr für die ganze Menschheit. Aus ethischen Grundsätzen halten wir es deshalb für falsch, mit der Entwicklung einer solchen Waffe den Anfang zu machen.«

OPPENHEIMER Das ist aus dem Minderheitsbericht, von Fermi und Rabi verfaßt.

ROLANDER Im Mehrheitsbericht steht:
»Wir alle hoffen, daß sich die Entwicklung dieser Waffe vermeiden läßt. Wir sind uns alle einig, daß es im gegenwärtigen Zeitpunkt falsch wäre, wenn die Vereinigten Staaten die Entwicklung dieser Waffe forcieren* würden.«

* mit Nachdruck betreiben

ROBB Heißt das nicht, Doktor, daß Sie dagegen waren, die Wasserstoffbombe zu bauen?

OPPENHEIMER Wir waren dagegen, die Initiative zu ergreifen. In einer außergewöhnlichen Situation.

ROBB Was war das Außerordentliche an der Situation im Herbst 1949, Doktor?

OPPENHEIMER Die Russen hatten ihre erste Atombombe gezündet, ⌜Joe I⌝, und wir reagierten darauf mit einem nationalen Schock. – Wir hatten unser ⌜Atombombenmonopol⌝ verloren, und unsere Reaktion war, wie kriegen wir schnellstens ein Wasserstoffbombenmonopol.

ROBB War das nicht eine ganz natürliche Reaktion?

OPPENHEIMER Vielleicht natürlich, aber nicht vernünftig. Die Russen haben sie dann ebenfalls gebaut.

ROBB Waren wir nicht technisch in der viel besseren Position?

OPPENHEIMER Vielleicht, aber es gibt in Rußland nur zwei Ziele, die für eine Wasserstoffbombe in Frage kommen, Moskau und Leningrad, und bei uns über fünfzig.

ROBB Ein Grund mehr, ihnen zuvorzukommen, oder?

OPPENHEIMER Da es nach einem dritten Weltkrieg, mit Wasserstoffbomben geführt, keine Sieger und keine Besiegten mehr geben wird, sondern nur achtundneunzigprozentig und hundertprozentig Vernichtete, schien es mir klüger, zu einer internationalen Verzichterklärung auf diese schreckliche Waffe zu kommen.

MORGAN Eine Verzichterklärung ohne Kontrolle? – Ich glaube, Dr. Oppenheimer, Sie waren der wissenschaftliche Berater unserer Regierung, als ⌜Mr. Gromyko⌝ 1946 in Genf* erklärte, daß er keiner wie immer gearteten Kontrolle zustimmen könne. Und damals hatten wir das Atombombenmonopol.

*Genf: Stadt in der Schweiz, europ. Sitz der Vereinten Nationen, UNO

OPPENHEIMER Ja, ich gehörte zu den wissenschaftlichen Beratern ⌜Achesons⌝, und wir schlugen das vor, weil wir sicher waren, daß die Russen nicht zustimmen konnten.

MORGAN Warum sollten die Russen 1949 entgegenkommender sein?

OPPENHEIMER Die Möglichkeit, das Leben auf der Erde

gänzlich auszulöschen, ist eine neue Qualität. Das Menetekel* für die Menschheit ist an die Wand geschrieben.

(aram.) Ernster Warnruf, unheildrohendes Zeichen

MORGAN Auch ⌜in kyrillischen Buchstaben⌝, Dr. Oppenheimer?

OPPENHEIMER Seit wir die Spurenanalyse der russischen Wasserstoffbombe in Händen haben, ja. – Ehe man die Tür zu jener schaudervollen Welt öffnete, in der wir heute leben, hätte man anklopfen sollen. Wir haben es vorgezogen, mit der Tür ins Haus zu fallen. Obwohl wir strategisch keinen Vorteil davon haben konnten.

MORGAN Fühlten Sie sich kompetent, strategische Fragen zu entscheiden? War das Ihre Sache?

OPPENHEIMER Der größte Teil des Berichts gab unsere Einschätzung, ob und in welcher Zeit eine brauchbare Wasserstoffbombe zu machen wäre.

ROBB Wie schätzten Sie das ein?

OPPENHEIMER Wir bezweifelten, daß die damaligen technischen Vorschläge durchführbar seien. – Sie erwiesen sich tatsächlich als undurchführbar.

ROBB Hieß das nicht, man solle die Super* auf Eis legen, bis man bessere Ideen habe?

die Wasserstoffbombe; vgl. Erl. zu 10,34–35 und 11,1

OPPENHEIMER Nein. Wir empfahlen ein Forschungsprogramm.

ROBB Mußte man das nicht so verstehen, daß es um die Wasserstoffbombe schlecht aussah?

OPPENHEIMER Das damalige Modell sah schlecht aus. Miserabel. Sonst hätten wir nicht von fünf Jahren Entwicklung gesprochen.

ROBB War das eine richtige Prognose?

OPPENHEIMER Für dieses Modell?

ROBB Für die Super?

OPPENHEIMER Nein. Es gab im Jahre 1951 einige glänzende Ideen, und wir testeten Mike*, die erste Super, bereits im Oktober 1952.

Name der ersten amerik. Wasserstoffbombe

ROBB Der Test war sehr erfolgreich, nicht wahr.

OPPENHEIMER Ja. Die Insel ⌈Elugelab⌉ im Pazifik war in zehn Minuten verschwunden. – Neun Monate später hatten die Russen ihre Super. Die unserem Modell überlegen war.

EVANS Inwiefern, Dr. Oppenheimer?

OPPENHEIMER Die Russen hatten die sogenannte ›trokkene‹ Super gezündet, die wesentlich leichter war, da sie keine Kühlanlagen brauchte.

EVANS War das strategisch so wesentlich?

OPPENHEIMER Ich denke. Es war die Zeit, da die Russen jederzeit mit Wasserstoffbomben über uns auftauchen konnten, während wir nur mit Atombomben zurückschlagen konnten. Unsere Modelle waren so schwer, daß wir sie nur mit Ochsenkarren ins Ziel bringen konnten.

ROBB Hätten die Russen ihre Super nicht jedenfalls gebaut?

OPPENHEIMER Möglich. Wir haben nicht versucht, ein Wettrüsten auf diesem Gebiet zu verhindern. Ich denke, der Preis, den wir für unser kurzes Monopol zahlten, ist zu hoch.

ROBB Hätten wir die Super nicht viel früher haben können und ganz anders dagestanden, wenn wir das Dringlichkeitsprogramm schon 1945 auf die Beine gebracht hätten?

OPPENHEIMER Es gab keine Voraussetzungen.

ROBB Ist es zutreffend, Doktor, daß Sie schon im Jahre 1942 daran gedacht haben, eine thermonukleare Bombe zu machen?

OPPENHEIMER Wir hätten sie gemacht, wenn wir es gekonnt hätten. Wir hätten jede Art von Waffe gemacht.

ROBB Ich weiß nicht, ob das geheim ist oder nicht, wenn wir von einer thermonuklearen Bombe sprechen, dann meinen wir eine Bombe, die 10 000mal so stark wie eine normale Atombombe ist?

OPPENHEIMER Etwa. Sehr stark jedenfalls.

ROBB 10000mal so stark ist keine Übertreibung?

OPPENHEIMER Ich glaube, es gibt keine natürliche Grenze für ihre Stärke. Die Todeszone eines mittleren Modells hat nach unseren Berechnungen einen Durchmesser von 580 Kilometern.

ROBB Hätten Sie damals moralische Skrupel gehabt, eine solche Waffe zu entwickeln?

OPPENHEIMER 1942? Nein. Die Skrupel kamen viel später.

ROBB Wann? Wann bekamen Sie hinsichtlich der Entwicklung der Wasserstoffbombe moralische Skrupel?

OPPENHEIMER Wir wollen das Wort ›moralisch‹ weglassen.

ROBB Einverstanden. Wann bildeten sich Ihre ersten Skrupel?

OPPENHEIMER Als mir klar wurde, daß wir dahin tendierten*, die Waffe, die wir entwickelten, tatsächlich zu gebrauchen.

dazu neigten

ROBB Nach Hiroshima?

OPPENHEIMER Ja.

ROBB Sie haben uns hier gesagt, daß Sie damals halfen, die Ziele auszusuchen, nicht wahr?

OPPENHEIMER Ja. Und ich habe gesagt, daß es nicht unsere Entscheidung war, die Bombe zu werfen.

ROBB Das habe ich nicht behauptet. Sie haben nur die Ziele ausgesucht, und Sie hatten nach dem Abwurf große Skrupel, nicht wahr?

OPPENHEIMER Ja! – Entsetzliche. Wir alle hatten entsetzliche Skrupel.

ROBB Waren es nicht diese entsetzlichen Skrupel, Doktor, die Sie im Jahre 1945 daran hinderten, sich für ein hartes Wasserstoffbombenprogramm einzusetzen?

OPPENHEIMER Nein. Als die Super im Jahre 1951 machbar schien, waren wir von den wissenschaftlichen Ideen fasziniert, und wir machten sie in kurzer Zeit, aller Skrupel ungeachtet. Das ist eine Tatsache, ich sage nicht, daß es eine gute Tatsache ist.

ROBB Haben Sie an der Wasserstoffbombe gearbeitet?

OPPENHEIMER Nicht praktisch.

ROBB Wie haben Sie an ihr mitgearbeitet?

OPPENHEIMER Beratend.

ROBB Haben Sie ein Beispiel?

OPPENHEIMER Ich rief die führenden Physiker zu einer Konferenz zusammen, 1951, die sehr fruchtbar war. Wir waren von den neuen Möglichkeiten begeistert, viele gingen nach Los Alamos zurück.

ROBB Von wem kamen die genialen Ideen?

OPPENHEIMER Von Teller, hauptsächlich. ⌜Neumanns Rechenmaschinen⌝ spielten eine Rolle, Beiträge von Bethe und Fermi.

ROBB Gingen Sie nach Los Alamos zurück?

OPPENHEIMER Nein.

ROBB Warum nicht?

OPPENHEIMER Ich hatte andere Aufgaben. Meine wissenschaftliche Arbeit auf dem thermonuklearen Gebiet war unbedeutend.

ROLANDER *entnimmt seinen Materialien ein Dokument:* Ich habe hier ein Patent, Sir, eine Erfindung zur thermonuklearen Bombe, die Sie im Jahre 1944 anmeldeten.

OPPENHEIMER War das mit Teller zusammen?

ROLANDER Ja. Das Patent wurde Ihnen 1946 erteilt.

OPPENHEIMER Richtig. Es war eine Einzelheit. – Ich vergaß, daß wir die Sache verfolgt haben.

ROBB Ist es zutreffend, Doktor, daß Sie Tellers Bitte, nach Los Alamos zu kommen, abgeschlagen haben, indem Sie ihm sagten, daß Sie sich in der Frage der Wasserstoffbombe neutral verhalten wollten?

OPPENHEIMER Das ist möglich.

ROBB Daß Sie sich neutral zu verhalten wünschten?

OPPENHEIMER Daß ich so etwas gesagt habe. Es gab eine Zeit, da Teller das Super-Programm um jeden Preis durchsetzen wollte. Ich mußte das Für und Wider sehen, jedenfalls bis der Präsident das Dringlichkeitsprogramm angeordnet hatte.

ROBB Sie lehnten es aber auch nach dieser Entscheidung ab, nach Los Alamos zurückzugehen?

OPPENHEIMER Ja.

ROBB Meinen Sie nicht, Doktor, daß es auf viele Wissenschaftler einen großen Eindruck gemacht hätte, wenn Sie die Ärmel aufgekrempelt hätten, um das Super-Programm in Ihre Hand zu nehmen?

OPPENHEIMER Das kann sein. Ich hielt das nicht für richtig.

ROBB Hielten Sie es auch nach der Entscheidung des Präsidenten nicht für richtig, die Wasserstoffbombe zu bauen?

OPPENHEIMER Ich hielt es nicht für richtig, die Verantwortung für das Programm zu übernehmen. Ich war nicht der richtige Mann.

ROBB Das habe ich Sie nicht gefragt, Doktor.

OPPENHEIMER Ich denke doch.

ROBB Hielten Sie es auch nach der Entscheidung des Präsidenten nicht für richtig, die Wasserstoffbombe zu bauen?

OPPENHEIMER Ich hielt sie weiterhin für eine elende Waffe, die es besser nicht geben würde, aber ich unterstützte das Dringlichkeitsprogramm.

ROBB Wie?

OPPENHEIMER Durch Ratschläge.

ROBB Wodurch sonst noch?

OPPENHEIMER Ich empfahl Teller eine Anzahl von jungen Wissenschaftlern, die meine Schüler waren.

ROBB Sprachen Sie mit ihnen? Konnten Sie sie für das Programm begeistern?

OPPENHEIMER Teller sprach mit ihnen, ich weiß nicht, ob er sie begeistert hat.

ROBB Sagten Sie nicht, Doktor, daß Sie im Jahre 1951 von dem Programm begeistert waren?

OPPENHEIMER Ich war von den sehr verlockenden wissenschaftlichen Ideen begeistert.

ROBB Sie fanden die wissenschaftlichen Ideen zur Herstellung einer Wasserstoffbombe verführerisch und wundervoll, und Sie fanden das mögliche Ergebnis, die Wasserstoffbombe, abscheulich. Ist das richtig?

OPPENHEIMER Ich glaube, das ist richtig. Es ist nicht die Schuld der Physiker, daß gegenwärtig aus genialen Ideen immer Bomben werden. Solange das so ist, kann man von einer Sache wissenschaftlich begeistert und menschlich tief erschrocken sein.

ROBB Ich sehe, daß Sie das können, Doktor. – Ich wundere mich.

GRAY Meinen Sie nicht, Dr. Oppenheimer, daß in dieser Haltung so etwas stecken könnte wie eine geteilte Loyalität?

OPPENHEIMER Zwischen wem geteilt?

GRAY Loyalität einer Regierung gegenüber – Loyalität der Menschheit gegenüber?

OPPENHEIMER Lassen Sie mich nachdenken. – Ich will das so sagen: Indem sich die Regierungen den neuen Ergebnissen der Naturwissenschaften nicht oder nur ungenügend gewachsen zeigen, gibt es für den Wissenschaftler einen solchen Loyalitätskonflikt.

GRAY Wenn Sie in einen solchen Konflikt gestellt sind, Dr. Oppenheimer, und offensichtlich war das so im Falle der Wasserstoffbombe, welcher Loyalität würden Sie dann den Vorrang geben?

OPPENHEIMER Ich habe schließlich in allen Fällen meiner Regierung die ungeteilte Loyalität gegeben, ohne das Unbehagen, ohne die Skrupel zu verlieren, und ohne sagen zu wollen, daß das richtig war.

ROBB Sie wollen nicht sagen, daß es in jedem Fall richtig ist, der Regierung die ungeteilte Loyalität zu geben?

OPPENHEIMER Ich weiß es nicht, ich denke darüber nach, aber ich habe das immer getan.

ROBB Das betrifft auch das Super-Programm?

OPPENHEIMER Ja.

ROBB Sie meinen, Sie haben es nach der Entscheidung des Präsidenten aktiv unterstützt?

OPPENHEIMER Ja, obwohl ich meine starken Zweifel behielt.

Robb entnimmt seinen Materialien ein neues Dokument.

ROBB Wenn Sie in einem Fernsehinterview sagen – Mr. Rolander wird uns das bitte vorlesen. *Er gibt Rolander die Blätter und trägt eine Kopie zum Tisch des Vorsitzenden.*

ROLANDER Ich zitiere: ›Die frühere Geschichte berichtet die Ausrottung einzelner Stämme, einzelner Rassen, einzelner Völker. Jetzt kann die Menschheit im ganzen durch den Menschen vernichtet werden. Es ist bei rationaler Prüfung wahrscheinlich, daß das geschehen wird, wenn wir die neuen Formen des politischen Zusammenlebens nicht entwickeln, die diese Erde braucht. Die mögliche Apokalypse* ist eine Realität unseres Lebens. Wir wissen das, aber wir kapseln dieses Wissen ein. Es scheint uns nicht akut*. Wir meinen, es hat noch Zeit. Aber wir haben nicht viel Zeit.‹ Ende des Zitats.

(griech.) Weltuntergang, Unheil, Grauen

(lat.) dringend, vordringlich

ROBB Meinen Sie, Doktor, daß Sie mit diesen Sätzen das Programm unterstützt haben?

OPPENHEIMER Nein, denn sie hatten mit dem Programm nichts zu tun. Als ich das Interview gab, hatten wir unsere ersten Modelle schon getestet und die Russen auch.

ROLANDER Das ist nicht richtig, Sir, Sie gaben das Interview vor den Präsidentschaftswahlen 1952, als wir das Monopol tatsächlich hatten.

ROBB Mir scheint, das macht einen Unterschied. Das war die Zeit, als der ⌜Koreakrieg⌝ zu Ende gegangen war und unsere Positionen in Asien äußerst bedroht schienen, nicht wahr?

OPPENHEIMER Das war die Zeit, als eine Reihe von Leuten den Gedanken des ⌜Präventivkrieges⌝ stark erörterten, ja.

ROBB Haben nicht Sie selber diesen Gedanken erörtert?

OPPENHEIMER Nun. Wir wurden gebeten, zu einem technischen Gutachten Stellung zu nehmen, wir kamen zu einer negativen Beurteilung.

MORGAN Eine Gewissensfrage, Dr. Oppenheimer: Wenn die technische Seite dazu sehr gut ausgesehen hätte, angenommen, hätten Sie sich da mit einer technischen Stellungnahme begnügt?

OPPENHEIMER – Ich weiß nicht, – ich hoffe nicht. Nein.

ROBB Geht aus unserer Unterhaltung hier nicht ganz gut hervor, Doktor, daß Sie hinsichtlich der Wasserstoffbombe große moralische Skrupel hatten und heute noch haben?

OPPENHEIMER Ich bat Sie schon einmal, die Kategorie des Moralischen wegzulassen, das verwirrt. Ich hatte und ich habe große Skrupel, daß diese schreckliche Waffe jemals verwendet wird.

ROBB Und deswegen waren Sie gegen die Entwicklung der Super. Ist das richtig?

OPPENHEIMER Ich war dagegen, die Initiative zu ergreifen.

ROBB Doktor, sagten Sie in dem Bericht des Wissenschaftsrates, den Sie schrieben, und in dem Anhang, dem Sie beipflichteten, nicht ganz klar, ich zitiere: – *er liest* – ›Wir sind der Ansicht, daß eine Wasserstoffbombe niemals hergestellt werden sollte!‹

OPPENHEIMER Das bezog sich auf das damalige Programm.

ROBB Was verstehen Sie unter ›niemals‹?

OPPENHEIMER Ich habe den Anhang nicht geschrieben.

ROBB Aber Sie haben ihn unterschrieben, nicht wahr?

OPPENHEIMER Ich glaube, wir wollten sagen – ich wollte sagen, daß es eine bessere Welt wäre, wenn es in ihr keine Wasserstoffbombe geben würde.

ROBB Als der Präsident dennoch das Dringlichkeitsprogramm anordnete, wie reagierten Sie darauf?

OPPENHEIMER Ich bot meinen Rücktritt an.

ROBB Aus Protest?

OPPENHEIMER Ich denke, daß sich ein Mann zur Disposition stellt, wenn er in einer entscheidenden Frage von der Wirklichkeit überspielt wird.

ROBB Sie hielten sich für überspielt, als das Dringlichkeitsprogramm angeordnet wurde?

OPPENHEIMER Wir hatten abgeraten. Ja.

ROBB Als die Wasserstoffbombe im Oktober 1952 getestet werden sollte, ist es da zutreffend, daß Sie sich einem solchen Test widersetzten?

OPPENHEIMER ›Widersetzen‹ ist zu stark, ich war für eine Verschiebung.

ROBB Warum?

OPPENHEIMER Wir standen kurz vor der Wahl eines neuen Präsidenten, und ich hielt es nicht für richtig, ihm die Super unter den Stuhl zu legen. Er sollte das selber entscheiden.

ROBB Gab es andere Gründe, für eine Verschiebung zu plädieren*?

*einzutreten, zu befürworten

OPPENHEIMER Die Russen konnten aus dem Test eine Menge Aufschlüsse kriegen.

ROBB Noch andere?

OPPENHEIMER Daß er unsere Hoffnung auf Abrüstungsverhandlungen definitiv begraben würde, auf einen Teststop insbesondere.

ROBB Ihrer Empfehlung entgegen wurde die Wasserstoffbombe aber im Oktober 1952 getestet, nicht wahr?

OPPENHEIMER Ja.

ROBB Wenn man im Zeitungsstil von einem ›Vater der Wasserstoffbombe‹ reden wollte, wen würden Sie so nennen?

OPPENHEIMER Teller ist so genannt worden.

Es wird ein Foto Tellers projiziert.

ROBB Sie würden keinen Anspruch auf diesen Titel erheben?

OPPENHEIMER O nein.

ROBB Ich danke Ihnen, Dr. Oppenheimer.

GRAY Weitere Fragen an Dr. Oppenheimer? – Mr. Morgan.

MORGAN Nur eine Frage, Dr. Oppenheimer. Ist einem Staat, der riesige Gelder für Forschungsarbeit hergibt, das Recht zu bestreiten, über die Ergebnisse dieser Forschungen frei zu verfügen?

OPPENHEIMER Insofern einige Ergebnisse geeignet sind, die menschliche Zivilisation zu zerstören, ist dieses Recht bestreitbar geworden.

Herrschafts- und Entscheidungsgewalt eines Staates

MORGAN Heißt das nicht, daß Sie die nationale Souveränität* der Vereinigten Staaten auf diesem bestimmten Gebiet beschränken möchten?

einflussreiche Persönlichkeit (oder Gruppe), die hohes Ansehen genießt

OPPENHEIMER Wenn die Mathematiker ausrechnen müssen, ob ein bestimmter Test nicht vielleicht die Atmosphäre in Brand setzt, werden die nationalen Souveränitäten ein bißchen lächerlich. Die Frage ist, welche Autorität* ist unabhängig und mächtig genug, die nationalen Staaten oder ihre Gruppierungen daran zu hindern, sich umzubringen. Wie ist eine solche Autorität herstellbar?

MORGAN Meinen Sie, daß die Vereinigten Staaten eine Anstrengung machen sollten, sich mit Sowjetrußland zu verständigen?

OPPENHEIMER Wenn der andere Partner der Teufel wäre, so müßte man sich mit dem Teufel verständigen.

MORGAN Machen Sie einen scharfen Unterschied zwischen der Erhaltung des Daseins und der Erhaltung eines lebenswerten Daseins?

OPPENHEIMER O ja. ⌜Und ich setze großes Vertrauen in die schließliche Macht der Vernunft.⌝

EVANS Ich komme auf die strapazierten moralischen Skrupel zurück, auf den Widerspruch, einerseits eine Sache voranzutreiben, deren Ergebnis man andererseits fürchtet. Wann haben Sie diesen Widerspruch zum erstenmal empfunden?

OPPENHEIMER Als wir die erste Atombombe in der Wüste von Alamogordo* zündeten.

Stadt im südl. New Mexico, USA; hier wurde die erste Atombombe getestet.

EVANS Können Sie das präzisieren?

OPPENHEIMER Nachts, im Kontrollstand, vor dem Sehschlitz, als wir die letzten Minuten vor dem Test durchgezählt bekamen, die schwarzen Brillen auf unsere Fettcreme-Masken setzten und angewiesen wurden, die Köpfe abzuwenden, um nicht zu erblinden, fühlte ich eine zweifache Furcht in mir. Die Furcht, der Test könne mißlingen, und die Furcht, er könne gelingen.

EVANS Da er gelang – wenn Sie gestatten – was empfanden Sie unmittelbar bei der Explosion?

OPPENHEIMER Keiner sah, ich glaube, das erste Aufblitzen des Atomfeuers. Als ich die Augen aufmachte, sah ich in völliger Stille ein nie gekanntes Licht, ein blendend weißer Feuerball, der wuchs, schien Himmel und Berge zu verschlingen. Dann hörten wir erst die Explosion, die Luftdruckwelle, ein Sandsturm, von einem anhaltenden dunklen Donnern begleitet. In diesen Sekunden erinnerte ich mich an zwei Verse aus dem ⌜Gesang der Hindus⌝, die ich behalten hatte. Der eine: »Wenn das Licht aus tausend Sonnen
am Himmel plötzlich hervorbräche,
das wär der Glanz des Herrlichen.«
Der andere: »Ich bin der Tod, der alles raubt,
Erschütterer der Welten.«

GRAY *will weiterkommen:* Wenn es keine weiteren Fragen –

EVANS Wenn ich bitten dürfte, weil es vielleicht doch mit uns zu tun hat, irgendwie, wenn Dr. Oppenheimer das erinnert, es interessiert mich sehr, wie andere Leute reagierten, die dabei waren, wie war die – nun, Stimmung, kann man Stimmung sagen?

OPPENHEIMER Fermi sagte: »Eure Gewissensbisse, das ist doch zuerst mal wunderschöne Physik.« General Groves: »Ein oder zwei davon auf Japan, und der Krieg ist aus.« Fermi war aber unfähig, mit seinem Auto selbst nach Los Alamos zurückzufahren. Wir waren sehr erregt und sehr nachdenklich.

EVANS Woran merken Sie, ob ein neuer Gedanke wirklich wichtig ist?

OPPENHEIMER Daran, daß mich ein Gefühl tiefen Schrekkens ergreift.

GRAY Wenn es keine weiteren Fragen gibt, dann möchte ich Dr. Oppenheimer für die Geduld danken.
Oppenheimer geht vom Zeugenstand zum Sofa zurück.
Wir haben jetzt die Zeugen, die uns Mr. Robb und Mr. Garrison benannt haben. – Da Dr. Teller seit einiger Zeit wartet, denke ich, wir sollten ihn zuerst hören. Danach Mr. Griggs. *Ein Beamter geht hinaus, um Teller zu holen.*

GARRISON Wenn es möglich ist, Herr Vorsitzender, dann würden wir es vorziehen, nach Dr. Teller Dr. Bethe hier im Zeugenstand zu haben.

GRAY Das ist sicher möglich. Können Sie Dr. Bethe erreichen?

GARRISON Er wartet in seinem Hotel. Keine fünf Minuten. Da ist seine Telefonnummer. *Er gibt einem anderen Beamten einen Zettel und der Beamte verläßt den Raum. Der erste Beamte erscheint in der Tür.*

GRAY Wenn Dr. Teller bereit ist – dann bitten wir ihn in den Zeugenstand.

Dr. Teller wird in den Zeugenstand geleitet. Er ist ein schlanker Mann um die fünfzig, dunkelhaarig, mit dunklen großen Augen, dichten Augenbrauen, dem Bild eines Künstlers eher entsprechend als dem eines Gelehrten. Er spricht schnell, und er bewegt sich schnell. Er hinkt kaum merklich auf dem rechten Fuß, den er durch einen Unfall verloren hat. Es geht eine mühsam gebändigte Unrast von ihm aus. Seine Selbstsicherheit ist um einen Grad zu bewußt.

GRAY Bitte. – Dr. Teller, wollen Sie hier unter Eid aussagen?

TELLER Ja. *Er steht auf.*

GRAY Edward Teller, schwören Sie, daß Sie hier die Wahrheit sagen wollen, die ganze Wahrheit und nichts als die Wahrheit, so wahr Ihnen Gott helfe?

TELLER Ja.

GRAY Bitte, Mr. Robb.

ROBB Dr. Teller, Sie haben schon in Los Alamos an dem Problem der thermonuklearen Entwicklung gearbeitet, nicht wahr?

TELLER Ja.

ROBB Haben Sie die thermonuklearen Probleme mit Dr. Oppenheimer oft erörtert?

TELLER Sehr oft. Seit wir im Sommer 1942 in Berkeley zusammentrafen. Wir untersuchten damals, ob ein thermonukleares Programm möglich wäre.

ROBB Wer ist ›wir‹?

TELLER Die besten Leute auf diesem Gebiet. Fermi und Bethe darunter, die Oppenheimer zusammengerufen hatte. Die Vorstellung, das Wunder der Sonnenenergie durch die Verschmelzung leichter Kerne nachzuahmen, versetzte uns alle in einen Zustand der Begeisterung und des Glücks.

ROBB War Dr. Oppenheimer begeistert?

TELLER Sehr. Und er hat die Fähigkeit, andere zu begeistern.

ROBB Hielten Sie es damals für möglich, ein thermonukleares Programm durchzuführen?

TELLER Es schien uns eine Zeitlang leichter als es wirklich war. In Los Alamos tauchten dann große Schwierigkeiten auf. Ich glaube, daß ich einige dieser Schwierigkeiten selber herausgefunden habe.

ROBB Können Sie uns die eine oder andere Schwierigkeit nennen, ohne die Geheimhaltung zu verletzen?

TELLER Eine war, daß wir die Hitze einer normalen Atombombe brauchten, um eine Wasserstoffbombe in Gang zu bringen. Wir haben diese Hitze später auf andere Weise erzeugen können. Eine andere, dass unsere herkömmlichen Rechenautomaten nicht ausreichten. Und so weiter.

ROBB Wäre es trotzdem möglich gewesen, die Wasserstoffbombe schon während des Krieges in Los Alamos zu machen?

TELLER Nein. Ich hielt ein bißchen an dem Gedanken fest, es war mein Baby, aber Eltern sind kurzsichtig.

ROBB Wann gab es nach Ihrer Meinung die Voraussetzungen für ein hartes Wasserstoffbombenprogramm?

TELLER 1945. Ich erinnere mich, daß wir nach ›Dreifaltigkeit‹ –

EVANS Was ist das?

TELLER ›Dreifaltigkeit‹ war der Codename für den Atombombentest in Alamogordo.

EVANS ›Dreifaltigkeit‹?

TELLER Ja. – Ich erinnere mich, daß wir danach mit aller Kraft darangehen wollten, die Wasserstoffbombe zu entwickeln, die besten Leute wie Fermi, Bethe unter Oppenheimers Leitung.

ROBB Nach dem Test der Atombombe?

TELLER Ja.

ROBB Wurden die Entwicklungsarbeiten verstärkt?

TELLER Nein. Sie kamen nach einer ganz kurzen Zeit zum Erliegen.

ROBB Wie kam das?

TELLER Der Plan wurde nach dem Abwurf der Bomben auf Japan geändert, praktisch aufgegeben.

ROBB Warum?

TELLER Weil Dr. Oppenheimer nach Hiroshima der Ansicht war, daß dies nicht mehr die Zeit wäre, ein solches Programm zu verfolgen.

ROBB Hat er Ihnen das gesagt?

TELLER Ich erinnere mich an ein Gespräch mit Oppenheimer, Fermi –

ROBB War das auch Fermis Ansicht?

TELLER Ja. Ich muß hinzufügen, es entsprach der allgemeinen Stimmung unter den Physikern. Hiroshima war für viele ein harter Schock. Die damalige Stimmung hatte etwas von einem Katzenjammer*.

Hier: Gewissensqual, Reue

ROLANDER Hat Dr. Oppenheimer damals die Ansicht vertreten, daß man Los Alamos am besten den Indianern zurückgeben solle?

TELLER Diese Bemerkung wurde ihm zugeschrieben, ich weiß nicht, ob er sie tatsächlich gemacht hat.

ROBB Wäre es möglich gewesen, zu Ende des Krieges ein hartes Dringlichkeitsprogramm für die Super in Los Alamos anzugehen?

TELLER Wir wären nach meiner besten Überzeugung in der Lage gewesen, ein kraftvolles thermonukleares Programm zu starten. Wenn Dr. Oppenheimer in Los Alamos geblieben wäre, wenn er dieses Programm unterstützt hätte, dann hätten auch andere fähige Leute mitgemacht, wenigstens so viele, wie wir 1949 unter viel schwereren Umständen zusammengebracht haben.

ROBB Hätten wir in diesem Falle die Wasserstoffbombe früher gehabt?

TELLER Ich bin davon überzeugt.

ROBB Wann hätten wir nach Ihrer Schätzung die Wasserstoffbombe haben können?

TELLER Es ist sehr schwer, einen anderen Verlauf der Vergangenheit zu mutmaßen, wenn das und das gewesen wäre. Fast so schwer, wie eine Voraussage über die Zukunft. Nur weniger gewagt.

ROBB Wir sollten es trotzdem probieren.

TELLER Wenn wir im Jahre 1945 ein Programm gestartet hätten, dann hätten wir die Wasserstoffbombe wahrscheinlich 1948 gehabt.

ROBB Bevor die Russen ihre Atombombe hatten?

TELLER Vermutlich.

ROBB Es ist hier gesagt worden, Doktor, daß der schließliche Erfolg des Programms einer brillanten Entdeckung zu verdanken wäre, die Sie 1951 gemacht hätten. Wie verhält sich das?

TELLER Wenn so vorzügliche Leute wie Fermi, Bethe und andere 1945 dem Problem nachgegangen wären, dann hätten diese Leute wahrscheinlich die gleiche brillante Idee gehabt, oder sie hätten andere brillante Ideen gehabt. In diesem Falle hätten wir die Super schon 1947 gehabt.

ROBB Meinen Sie: Wenn man nicht sucht, dann findet man auch nicht?

TELLER Brillante Ideen sind organisierbar, und sie sind nicht an einzelne Leute gebunden.

GRAY Was hätte uns die Super, im Jahre 47 sagen wir, eingebracht?

TELLER Das werden Sie besser wissen als ich, aus der Perspektive des Kriegsministeriums. Sie hätte uns unser ⌜China-Debakel⌝ ersparen können und einige andere Nackenschläge vermutlich. Wir wären in der Position der Nummer eins geblieben, den Kommunisten gegenüber, und das ist eine komfortable Position, denke ich.

MARKS Sind Ihnen die Ermittlungen unserer Geheimdienste bekannt, Dr. Teller, nach denen die Russen 1945 etwa auf unserem Forschungsstand waren?

TELLER Ja. Deshalb wollte ich die Super, als andere Leute mit diesen Abrüstungsillusionen herumspielten.

MARKS Andere Leute sind die damalige Regierung, nicht wahr?

TELLER Die Regierung, die Physiker, die öffentliche Meinung. Es war zum Verzweifeln.

ROBB Wann verließen Sie Los Alamos?

TELLER Im Februar 1946. Es war sinnlos geworden. Ich nahm einen Lehrauftrag in Chicago an und kam nur noch gelegentlich als Berater nach Los Alamos.

ROBB Wie schätzen Sie die Arbeit an der thermonuklearen Entwicklung in Los Alamos zwischen 1945 und 1949 ein?

TELLER Sie war virtuell* zum Stillstand gekommen. Der Umschwung kam erst 1949, als die Russen ihre Atombombe gezündet hatten.

scheinbar

ROBB Haben Sie da mit Oppenheimer gesprochen?

TELLER Ja, und ich war wie vor den Kopf geschlagen.

ROBB Wieso?

TELLER Ich hatte damals mit der Kriegsarbeit so wenig zu tun, daß ich von der russischen Atombombe erst in der Zeitung las. Ich kam zu dem Schluß, daß ich jetzt meine ganze Kraft einem effektiven Programm geben müsse, was immer der Preis sei. Ich rief Dr. Oppenheimer an und fragte, was jetzt um Gottes willen werden solle und erbat seinen Rat. Ich erinnere mich dieses Rates wörtlich. Er sagte: »Jetzt fallen Sie mir nur nicht aus dem Anzug.«

ROBB Was schlossen Sie aus diesem Rat?

TELLER Daß ein Programm für die Super nur gegen ihn durchzusetzen wäre, und das war bei Oppenheimers großem Einfluß eine harte Sache.

ROLANDER Besprachen Sie das Für und Wider?

TELLER Ja.

ROLANDER Bei welcher Gelegenheit?

TELLER Zusammen mit Bethe. Wir mußten eine Mannschaft zusammenbringen, und ich hatte die große Hoffnung, daß sich Bethe jetzt entschließen würde, das Superprogramm in die Hand zu nehmen.

ROLANDER Wann war das?

TELLER Ende Oktober.

ROBB 1949?

TELLER Ja. Kurze Zeit bevor der Wissenschaftsrat seine Entscheidung gegen das Dringlichkeitsprogramm traf. Auf mein Drängen hin entschied sich Bethe, nach Los Alamos zu kommen, wenn auch gegen starke Bedenken, jedenfalls verstand ich ihn so. Währenddessen rief Oppenheimer an und lud uns zu sich nach Princeton ein. Ich sagte zu Bethe: ›Nach diesem Gespräch werden Sie nicht mehr kommen‹.

ROLANDER Ist Dr. Bethe nach Los Alamos gekommen?

TELLER Nein. Erst viel später.

ROLANDER Führen Sie das auf Dr. Oppenheimers Einfluß zurück?

TELLER Ja, als wir Oppenheimers Büro verließen, sagte er: »Sie können ganz zufrieden sein, ich komme immer noch.« Zwei Tage später rief er mich an und sagte: »Edward, ich habe es mir überlegt. Ich kann nicht kommen.«

ROLANDER Wissen Sie, ob Dr. Bethe in der Zwischenzeit noch einmal mit Dr. Oppenheimer gesprochen hatte?

TELLER Das vermute ich.

ROBB Wurden von Dr. Oppenheimer gegen das Programm moralische und politische Argumente angeführt?

TELLER Es gab die Argumente anderer, dafür und dawider, einen Brief von Conant* zum Beispiel, in dem es hieß: »Die Super nur über meine Leiche.«

James Bryant C. (1893–1978), Chemiker und Politiker

ROBB Würden Sie sagen, daß die negative Entscheidung des Wissenschaftsrates wesentlich auf Dr. Oppenheimer zurückzuführen ist?

TELLER Das geht zu weit.

ROBB Ist die Einschätzung der technischen Seite des Programms korrekt gewesen?

TELLER Sie war insofern nicht korrekt, als sie die großen Entwicklungsmöglichkeiten übersah, die wir bald beweisen konnten.

ROBB Halten Sie es für möglich, daß einigen Mitgliedern die technischen Mängel ganz gelegen kamen?

TELLER Sicher nicht bewußt.

ROBB Unbewußt.

TELLER Das ist eine zu unbestimmte Frage.

ROBB Welche Wirkung hatte der Bericht auf die Physiker, die an der Super arbeiteten?

TELLER Eine paradoxe. Als ich ihn zu lesen bekam, zehn oder zwölf Leute bekamen ihn auf Oppenheimers Veranlassung zu lesen, dachte ich, daß damit das Programm beerdigt sei. Zu meiner Verwunderung kam es zu einer psychologischen Trotzreaktion der Beteiligten.

ROBB Sie meinen, der Bericht machte sie wütend, und sie arbeiteten jetzt erst recht daran?

TELLER Ja, es brachte sie auf; daß ihre Arbeit unmoralisch sein sollte, sobald sie gute Fortschritte machte.

ROBB Wurde das Dringlichkeitsprogramm von Dr. Oppenheimer unterstützt, als es vom Präsidenten schließlich angeordnet war?

TELLER Ich kann mich einer solchen Unterstützung nicht erinnern, im Gegenteil.

ROBB Im Gegenteil heißt, daß er sich dem Dringlichkeitsprogramm nach Ihrer Ansicht weiterhin widersetzt hat?

TELLER Ich meine, daß die ferneren Empfehlungen des Wissenschaftsrates das Programm nicht unterstützt, sondern behindert haben.

ROLANDER Können Sie uns Beispiele geben?

TELLER Das zweite Laboratorium. Wir wollten das Programm in Livermore* konzentrieren, der Wissenschaftsrat war dagegen. – Wir wollten die Reaktorarbeit in Oak Ridge* für unsere Zwecke ausbauen, der Wissenschaftsrat konzentrierte sie in Chicago. – Wir brauchten mehr Geld, weil uns nur experimentelle Versuche weiterbringen konnten, Oppenheimer empfahl weitere theoretische Forschungsarbeiten ohne Tests. Das alles hat uns nicht weitergebracht, sondern behindert.

Stadt in Kalifornien, USA

Stadt im nordöstl. Tennessee, USA

ROBB Haben Sie in dieser Zeit mit Dr. Oppenheimer gesprochen?

TELLER Einige Male.

ROBB Wie würden Sie seine Haltung beschreiben?

TELLER Abwartend neutral, er sagte mir das, als ich ihn um Hinweise auf gute Mitarbeiter bat.

ROBB Gab er Ihnen solche Hinweise?

TELLER Ich schrieb an alle, es kam kein einziger. – Ich muß aber hinzufügen, daß sich Dr. Oppenheimers Haltung zum Programm in einer späteren Phase geändert hat.

ROBB Wann?

TELLER 1951, nach unseren ersten Tests. Da wurde von ihm der Wissenschaftsrat mit allen Experten in Princeton zu einer Tagung zusammengebracht. Ich war mit sehr gemischten Gefühlen dorthingegangen, weil ich neue Knüppel fürchtete. Tatsächlich war Oppenheimer von unseren neuen theoretischen Ergebnissen hingerissen, und er sagte, daß er sich dem Programm niemals widersetzt hätte, wenn es diese wunderschönen Ideen früher gegeben hätte.

ROBB Hat er dem Programm fernerhin geholfen?

TELLER Meines Wissens nicht, es kann natürlich sein, daß er dem Programm geholfen hat, ohne daß ich es bemerkt habe.

ROBB Eine Frage an Sie als Experte: Wenn Dr. Oppenheimer für den Rest seines Lebens nur noch angeln würde, welche Auswirkungen hätte das für das fernere Atomenergieprogramm?

TELLER Meinen Sie, wenn er so wie in Los Alamos arbeiten würde oder so wie nach dem Kriege?

ROBB Wenn er so wie nach dem Kriege arbeiten würde?

TELLER Nach dem Kriege hat Dr. Oppenheimer vorwiegend in Komitees gearbeitet, und ich würde nach meiner Erfahrung sagen, daß die Komitees alle angeln gehen können, ohne daß die Arbeit derjenigen beeinträchtigt wird, die sie wirklich machen.

ROBB Das sind meine Fragen. Ich danke Ihnen für Ihre kostbare Zeit.

GRAY Wollen Sie den Zeugen im Kreuzverhör haben, Mr. Garrison?

GARRISON Mr. Marks hat einige Fragen.

MARKS Dr. Teller, sind Sie der Ansicht, daß sich Dr. Oppenheimer den Vereinigten Staaten gegenüber unloyal verhalten hat?

TELLER Bis man mir das Gegenteil beweist, werde ich glauben, daß er den besten Interessen der Vereinigten Staaten dienen wollte.

MARKS Sie halten ihn für vollständig loyal?

TELLER Subjektiv ja.

MARKS Objektiv?

TELLER Er hat objektiv falsche Ratschläge gegeben, die dem Lande geschadet haben.

MARKS Soll man die Loyalität eines verdienstvollen Mannes bezweifeln, weil er einen Rat erteilt hat, den man später für einen falschen Rat hält?

TELLER Nein, aber man soll fragen, ob er weiterhin der richtige Ratgeber ist.

MARKS Sie wissen aber, daß hier untersucht wird, ob sich Dr. Oppenheimer loyal verhalten hat, ob man ihm trauen kann, ob er nicht ein Sicherheitsrisiko ist.

TELLER Es ist nicht mein Vorschlag gewesen, das zu untersuchen.

MARKS Halten Sie Dr. Oppenheimer für ein Sicherheitsrisiko?

TELLER Da mir seine Handlungen nach dem Kriege wirr und kompliziert schienen, würde ich mich persönlich sicherer fühlen, wenn die vitalen Interessen des Landes nicht in seinen Händen lägen.

GARRISON Was verstehen Sie unter ›Sicherheitsrisiko‹?

TELLER Daß es begründete Zweifel an der Diskretion, am Charakter oder an der Loyalität eines Mannes gibt.

GARRISON Halten Sie Dr. Oppenheimer für ein Sicherheitsrisiko im Sinne dieser Definition?

TELLER Nein. – Ich bin jedoch in Sicherheitsfragen kein Fachmann.

MARKS Glauben Sie, daß die früheren linken Sympathien auf sein Verhalten in der Frage der Wasserstoffbombe eingewirkt haben?

TELLER Ich denke, daß die Philosophie eines Menschen immer auf sein Verhalten einwirkt, aber ich kenne Dr. Oppenheimer zu wenig, um das analysieren zu können.

MARKS Können Sie Dr. Oppenheimers Philosophie beschreiben?

TELLER Nein. Sie schien mir widerspruchsvoll. Ich wunderte mich, wie stark er sich die Illusion bewahrt hatte, die Menschen könnten schließlich politische Vernunft annehmen, wenn man sie geduldig belehrt. So in der Abrüstungsfrage.

MARKS Sie teilen dieses Vertrauen nicht?

TELLER Ich bin überzeugt, daß sie erst dann politische Vernunft annehmen, wenn sie wirklich tief erschrecken. Erst wenn die Bomben so groß sind, daß sie alles vernichten können, werden sie das tun.

MARKS Wenn sich jemals herausstellen sollte, daß Ihr Rat

ein falscher Rat gewesen ist, würde Sie das disqualifizieren, den Vereinigten Staaten als Wissenschaftler zu dienen?

TELLER Nein, aber ich wäre nicht mehr der richtige Mann in der führenden Position.

MARKS Würden Sie das für richtig halten, daß man Ihnen deswegen die Sicherheitsgarantie entzieht?

TELLER Nein.

MARKS Sie wissen, daß man Dr. Oppenheimer die Sicherheitsgarantie bis zur Entscheidung in diesem Verfahren entzogen hat?

ROBB Ich denke, sie ist ihm nicht entzogen worden, weil er einen falschen Rat gegeben hätte.

MARKS Das habe ich nicht gesagt, Mr. Robb.

ROBB Aber Sie suggerieren das mit Ihren Vorfragen.

MARKS Dr. Teller, wenn Sie Dr. Oppenheimer die Sicherheitsgarantie zu erteilen hätten, würden Sie das tun?

TELLER Da mir etwaige Gründe, die dagegen sprechen, nicht bekannt sind, würde ich das tun.

MARKS Das sind meine Fragen.

GRAY Dr. Evans.

EVANS Was mich beschäftigt: Ist Enthusiasmus eine gute Eigenschaft, um an einem Waffenprogramm zu arbeiten?

TELLER Ohne Enthusiasmus hätten wir die Atombombe 1945 nicht gehabt, und wir hätten auch nicht die Wasserstoffbombe.

EVANS Gut. Oder besser nicht gut, vielleicht. Was ich meine: Ist Enthusiasmus eine ebenso gute Eigenschaft für einen Mann, der die Regierung zu beraten hat?

TELLER Das weiß ich nicht. Sie haben gehört, daß ich von Komitees nicht viel halte. Ich bin nicht kompetent. Ich weiß nur, daß uns Dr. Oppenheimer sehr geholfen hätte, wenn er sich nur in sein Büro in Los Alamos gesetzt hätte, um dort die Daumen zu drehen. Allein durch das Gewicht seines Ansehens.

EVANS Kann man einem Menschen vorwerfen, daß er sich für eine bestimmte Sache, die Wasserstoffbombe in unserem Fall, nicht begeistert hat?

TELLER Das kann man nicht, aber man kann das feststellen und nach den Gründen fragen.

EVANS Haben Sie niemals moralische Skrupel hinsichtlich der Wasserstoffbombe gehabt?

TELLER Nein.

EVANS Wie sind Sie mit dem Problem fertiggeworden?

TELLER Ich habe das nicht als *mein* Problem angesehen.

EVANS Sie meinen, man kann etwas machen, eine Wasserstoffbombe machen, oder so etwas und sagen: was jetzt damit wird, das ist nicht mein Problem, seht zu, wie ihr damit fertigwerdet?

TELLER Es ist mir nicht gleichgültig, aber ich kann die Folgen, die Anwendungsmöglichkeiten, die in einer Entdeckung stecken, nicht voraussehen.

EVANS Kann man die Anwendungsmöglichkeiten einer Wasserstoffbombe nicht ganz gut voraussehen?

TELLER Nein. Es kann gut sein, und wir alle hoffen das, daß sie niemals angewendet wird, und daß ihr Prinzip, die künstlich herstellbare Sonnenenergie, die billigste und gewaltigste Energie, die wir kennen, in zwanzig oder dreißig Jahren das Gesicht der Erde wohltuend verändert hat.

EVANS Ihr Wort in Gottes Ohr, Dr. Teller.

TELLER ⌜Als Hahn in Deutschland die erste Uranspaltung gelang⌝, dachte er zum Exempel überhaupt nicht an die Möglichkeit, die freiwerdende Energie für Explosionszwecke zu verwenden.

EVANS Wer hat als erster daran gedacht?

TELLER Oppenheimer. Und es war ein fruchtbarer Gedanke, den nur naive Leute unmoralisch nennen.

EVANS Das müssen Sie einem älteren Kollegen erklären.

TELLER Ich meine, daß Entdeckungen weder gut noch böse

sind, weder moralisch noch unmoralisch, sondern nur tatsächlich. Man kann sie gebrauchen oder mißbrauchen. Den Verbrennungsmotor wie die Atomenergie. In schmerzhaften Entwicklungen haben es die Menschen schließlich immer gelernt, sie zu gebrauchen.

EVANS Obwohl Sie der Vernunft, nach Ihren eigenen Worten, wenig trauen?

TELLER Ich traue den Tatsachen, die schließlich sogar Vernunft hervorbringen, gelegentlich.

EVANS Ich habe kürzlich in der Zeitung gelesen, daß es bei einem unserer Super-Tests einen fürchterlichen Zwischenfall gegeben hat –

TELLER ⌜Bikini⌝?

EVANS Ja, kürzlich, es kamen 23 japanische Fischer ums Leben.

TELLER Ich glaube.

EVANS Wie konnte das passieren?

TELLER Der Fischdampfer geriet in ein radioaktives Schneegestöber, weil sich der Seewind plötzlich von Norden nach Süden drehte, fatalerweise*.

fatalerweise: verhängnisvollerweise

EVANS Wie haben Sie die Nachricht von diesen Fischern aufgenommen?

TELLER Wir haben eine Kommission eingesetzt, um alle Folgen zu beobachten, und wir haben die meteorologischen* Voraussagen für unsere Tests sehr verbessern können.

meteorologischen: das Wetter betreffenden

EVANS Was sind Physiker für Menschen? Ich meine, unterscheiden sie sich von anderen Menschen, ich habe das schon Dr. Oppenheimer gefragt.

TELLER Was hat er geantwortet?

EVANS Daß sie wie andere sind.

TELLER Sicher. Sie brauchen ein bißchen mehr Phantasie und ein bißchen bessere Gehirne, um ihre Arbeit zu machen. Sonst sind sie wie andere.

EVANS Ich frage mich das, seit ich in diesem Ausschuß bin. Vielen Dank.

GRAY Möchten Sie Dr. Teller vielleicht etwas fragen, Dr. Oppenheimer?

OPPENHEIMER *hochmütig:* Nein.

Oppenheimer und Teller sehen sich einen Augenblick an.

Nein.

GRAY Dann möchte ich Ihnen für Ihre Ausführungen danken, die einige wesentliche Punkte berührt haben, glaube ich.

TELLER Wenn ich um die Gelegenheit zu einer allgemeinen Erklärung bitten dürfte.

GRAY Gern.

TELLER Was mir auszuführen nötig scheint, zu unserer Problematik. Alle großen Entdeckungen hatten für den Zustand der Welt und das Bild davon in unseren Köpfen zuerst einmal verheerende Folgen. Sie stürzten ihn um und installierten einen neuen Zustand. Sie zwangen die Welt, sich vorwärts zu bewegen. Das war jedoch nur möglich, weil die Entdecker die Folgen ihrer Entdekkung nicht fürchteten, so fürchterlich sie für alle diejenigen waren, die die Welt anhalten wollen und die ein großes Schild an ihr anbringen möchten: Bitte nicht stören.

Das war so, als die Erde als ein Stern unter anderen entdeckt wurde, und das ist so, seit wir die kompliziert scheinende Materie auf einige wenige Elementarteilchen zurückführen konnten, die umwandelbar sind und ungeheure Energien freigeben.

Wenn wir unbeirrt um die Folgen unsere Arbeit fortsetzen, werden wir die Menschen zwingen, sich mit diesen neuen Energien einzurichten und den Zustand der Welt zu beendigen, halb frei, halb Sklave zu sein! Gott allein weiß, ob nicht über einen Atomkrieg, der wie jeder Krieg schrecklich wäre, der aber, beschränkt oder unbeschränkt, nicht unbedingt mit mehr Leiden verbunden sein muß als vergangene Kriege, wahrscheinlich aber heftiger und kürzer wäre.

Wenn wir vor dem temporären Aspekt der Entdeckungen, ihrer Zerstörungskraft, zurückschrecken, und ich finde, daß viele Physiker sich so verhalten, werden wir auf halbem Wege steckenbleiben und in den Schwierigkeiten versinken, die unsere Entdeckungen in die Welt gebracht haben.

Ich weiß, daß ich wegen meiner Konsequenz von vielen für einen unbelehrbaren Kriegstreiber gehalten werde, ich lese das in den Zeitungen, ich hoffe aber, es kommt die Zeit, da man in mir einen Friedenstreiber sehen wird, da der übergroße Schrecken unserer Vernichtungswaffen den Krieg als klassisches Mittel zur Durchsetzung politischer Ziele definitiv disqualifiziert haben wird.

EVANS Im Erlebensfalle, Dr. Teller, wie es im Versicherungsgeschäft heißt. Wir sollten doch vielleicht bedenken, daß die Menschheit im Falle, daß Ihre Prognose nicht stimmt, keine Korrekturmöglichkeit hat. Das ist neu. Das kann vielleicht auch ein Physiker nicht einfach gehen lassen.

TELLER Ich denke nicht, daß ich das tue.

GRAY Das war die Erklärung, die Sie wünschten?

TELLER Ja.

GRAY Gut. Danke schön.

Teller verbeugt sich leicht vor dem Ausschuß und geht hinaus.

Der nächste Zeuge ist dann Dr. Bethe. – Ist er schon im Haus?

GARRISON Ich schau nach.

Er geht auf die Tür zu, als der Beamte mit Bethe hereinkommt. Auf dem Wege zum Zeugenstand begrüßt Bethe Oppenheimer. Bethe ist ein schwerer Mann mittleren Alters, es geht von ihm Würde und Freundlichkeit aus. Er trägt gescheiteltes Haar, und er hat die Gewohnhei-

ten eines deutschen Professors. Er bleibt vor dem Zeugenstand stehen.

GRAY Hans Bethe, schwören Sie, daß Sie hier die Wahrheit sagen wollen, die ganze Wahrheit und nichts als die Wahrheit, so wahr Ihnen Gott helfe.

BETHE Das schwöre ich.

GRAY Wann sind Sie nach Amerika gekommen, Dr. Bethe?

BETHE 1935. Mit Teller etwa.

GRAY Woher kamen Sie?

BETHE Von München. Ich war kurze Zeit in England und lehrte dann hier Kernphysik, bis ich nach Los Alamos ging.

GRAY Bitte, Mr. Garrison.

GARRISON Haben Sie in Los Alamos die theoretische Abteilung geleitet?

BETHE Bis Kriegsende, ja.

GARRISON Hat Teller in Ihrer Abteilung gearbeitet?

BETHE Ja.

GARRISON Wie haben Sie mit ihm zusammengearbeitet?

BETHE *lächelnd:* Gar nicht. Ich bin mit Edward Teller befreundet, aber es ist sehr schwer, mit ihm zusammenzuarbeiten.

GARRISON Wieso?

BETHE Edward ist ein genialer Bursche, voller glitzernder Ideen, die er fanatisch verfolgt, bis er sie wegwirft. Dann spielt er nächtelang Klavier, bis er mit neuen brillanten Ideen kommt, und er verlangt, daß man jedesmal so begeistert ist wie er selber. – Ich sage das nicht, um ihn herabzusetzen, er ist ein Genie, aber er braucht jemanden, der seine Ideen sortiert. Es war schließlich besser, auf ihn zu verzichten, als ein ganzes Team auffliegen zu lassen.

GARRISON Was heißt ›auf ihn zu verzichten‹?

BETHE Wir entschlossen uns, ihn von allen Arbeiten unseres Programms zu befreien, weil ihn nur die Super interessierte. Obwohl wir ihn dringend brauchten.

GARRISON Wer kam an die Stelle von Teller?

BETHE Klaus Fuchs.

GARRISON Gab es in Los Alamos große Spannungen zwischen Dr. Teller und Dr. Oppenheimer?

BETHE Sie mochten sich nicht. Teller beklagte sich oft, daß man seine Arbeiten nicht genügend beachte, daß sich Oppenheimer nicht genügend dafür begeistere. Aber Oppenheimer mußte ein riesenhaftes Laboratorium dazu bringen, die Atombombe zu machen, und Edward hatte unrecht, sich zu beklagen.

GARRISON Wurde in Los Alamos an der thermonuklearen Entwicklung gearbeitet?

BETHE Oppenheimer hatte angeordnet, daß sich eine ganze Gruppe meiner Abteilung damit beschäftigt, unter ihnen Teller.

GARRISON Wie haben Sie mit Dr. Oppenheimer zusammengearbeitet?

BETHE Glänzend. Er war der einzige Mann, der Los Alamos zum Erfolg führen konnte.

GARRISON Kennen Sie ihn gut?

BETHE Seit 1929, von Göttingen her, ich denke, wir sind gute Freunde.

GARRISON Gab es bei Kriegsende die Voraussetzungen für ein Super-Programm?

BETHE Ganz eindeutig nicht. Weil ich hierher wollte, habe ich das auch Fermi gefragt. Er war meiner Ansicht.

GARRISON Gab es nach dem Test von Alamogordo den Plan, mit einem Super-Programm großen Stils zu beginnen?

BETHE Wir erörterten die Möglichkeiten. Wir sahen, daß wir nun die Kraft zu einem verstärkten Forschungsprogramm hätten. Es gab den Plan zu einem verstärkten Forschungsprogramm.

GARRISON Dr. Teller hat hier gesagt, daß der Plan zu einem Super-Programm erst nach Hiroshima fallengelassen wurde, und daß die Gründe die moralischen Skrupel der Wissenschaftler, insbesondere die Dr. Oppenheimers, gewesen seien. Ist das richtig?

BETHE Nein. Die wissenschaftlichen Ideen waren eine gequälte Sache und es gab weder technische noch personelle Voraussetzungen. – Es ist aber wahr, daß Hiroshima uns alle sehr verändert hatte.

GARRISON Welche Wirkung hatte Hiroshima auf die Physiker von Los Alamos?

BETHE Wir hatten einige Jahre unter harten militärischen Bedingungen gearbeitet, und niemand von uns hatte die Folgen wirklich bedacht. Hiroshima konfrontierte uns mit diesen Folgen, und niemand konnte fernerhin an diesen Waffen arbeiten ohne zu bedenken, daß sie auch verwendet würden.

GARRISON Welche Folgerungen haben Sie daraus gezogen?

BETHE Ich verließ Los Alamos und lehrte Physik in Ithaca*. Ich glaube, es ist gut bekannt, daß ich mich mit anderen Wissenschaftlern an den Präsidenten und an die Öffentlichkeit wandte, und ich denke, es war richtig, das zu tun.

Stadt im Staat New York, USA; Sitz der Cornell-Universität (gegr. 1865)

GARRISON Gingen Sie später nach Los Alamos zurück?

BETHE Ja. Als der Krieg in Korea ausgebrochen war. Ich arbeitete dort, bis wir die Super getestet hatten.

GARRISON Hatten Sie in dieser Zeit moralische Skrupel, an der Wasserstoffbombe zu arbeiten?

BETHE Sehr starke. Ich habe sie noch. Ich habe geholfen sie zu machen, und ich weiß nicht, ob es nicht ganz falsch war, das zu tun.

GARRISON Warum sind Sie dann zurückgegangen?

BETHE Das Wettrüsten um die Super war in vollem Gange, und ich kam zu der Überzeugung, daß wir diese schreckliche Waffe zuerst haben sollten, wenn sie überhaupt herstellbar wäre. Ich ging in der Hoffnung, daß sie sich als nicht herstellbar erweisen möge.

GARRISON Dr. Teller hat hier berichtet, daß Sie das Super-Programm zu einem früheren Zeitpunkt übernehmen wollten, und daß Sie durch Dr. Oppenheimer davon Abstand genommen hätten. Ist das richtig?

BETHE Ich vermute, Teller meinte das Gespräch, das wir mit Oppenheimer hatten, nach der russischen Atombombe.

GARRISON Hatten Sie Teller vor diesem Besuch zugesagt, daß Sie nach Los Alamos kommen würden?

BETHE Ich war unentschlossen. Einerseits war ich von einigen Ideen sehr angezogen, und es lockte mich, mit den neuen Rechenmaschinen zu arbeiten, die nur für Kriegsprojekte freigegeben waren. Andererseits hatte ich diese tiefe Unruhe, daß die Super keines unserer Probleme lösen könne.

GARRISON Sprach sich Dr. Oppenheimer gegen die Super aus?

BETHE Er referierte* Fakten, Argumente, Ansichten, er schien mir ebenso unentschlossen wie ich selber. Ich war sehr enttäuscht.

berichtete, trug vor

GARRISON Sagten Sie Teller danach, daß Sie kommen würden?

BETHE Ja.

GARRISON Warum änderten Sie Ihren Entschluß?

BETHE Weil mich meine Zweifel nicht losließen. Ich sprach eine ganze Nacht lang mit meinen Freunden ⌜Weißkopf⌝ und ⌜Placzek⌝, die beide hervorragende Physiker sind, und wir wurden uns einig, daß die Welt nach einem Krieg mit Wasserstoffbomben, selbst wenn wir ihn gewinnen sollten, nicht mehr die Welt wäre, die wir erhalten wollten, daß wir alle Dinge verlieren würden, für die wir kämpften, und daß eine solche Waffe niemals entwickelt werden sollte.

GARRISON Ist Ihnen bekannt geworden, daß Dr. Oppenheimer andere Physiker gegen die Super eingenommen hat?

BETHE Nein.

MORGAN Warum hat er dann die führenden Physiker des Programms mit dem geheimen Bericht des Wissenschaftsrats bekannt gemacht, Dr. Bethe?

BETHE Oppenheimer? Das war die Anweisung von Senator McMahon.

Brien M.(1903–1952), amerik. Politiker

GARRISON Würden Sie uns sagen, wer Senator McMahon* ist?

(griech.) Eigtl.: Jünger Jesu; hier: jmd., der mit Nachdruck für etwas eintritt

BETHE Er leitete den Senatsausschuß für Atomfragen und war einer der Apostel* der Super.

GARRISON Glauben Sie, daß die Super durch Dr. Oppenheimers Haltung entscheidend, möglicherweise um Jahre verzögert worden ist?

BETHE Nein. Sie wurde durch eine geniale Idee Tellers herstellbar.

GARRISON Dr. Teller meinte, daß vielleicht Sie oder Fermi oder andere diese Idee auch gehabt hätten, wenn man mit dem Programm früher begonnen hätte?

BETHE Ich weiß nicht, ich glaube man entdeckt nicht jeden Tag die ⌜Relativitätstheorie⌝ oder etwas in diesem Rang.

GARRISON Wieso kriegte Teller nicht genug Leute für das Programm?

BETHE Ein Grund wird das allgemeine Unbehagen gewesen sein, ein anderer Teller selber. Er ist ein wunderbarer Physiker, aber sogar seine Freunde werden ihn gefragt haben: ›Gut, Edward, du sorgst für die Nummern, aber wer inszeniert die Show?‹

GARRISON Hat sich Dr. Oppenheimer dem Programm widersetzt, nachdem es angeordnet war?

BETHE Oppenheimer diskutierte danach nur noch, wie die Super zu machen wäre, nicht mehr ihre politische Zweckmäßigkeit. Im Gegensatz zu mir.

GARRISON Wie verhielt er sich in Los Alamos zu Sicherheitsdingen?

BETHE Viele von uns kritisierten ihn als zu regierungsfromm. Das war auch meine Kritik.

GARRISON Dr. Bethe, Sie haben uns gesagt, daß Sie mit Dr. Oppenheimer gut befreundet sind?

BETHE Ja.

GARRISON Wenn sich Dr. Oppenheimer in einen Loyalitätskonflikt gestellt sähe, zwischen Ihnen und den Vereinigten Staaten, wie würde er sich nach Ihrer Ansicht entscheiden?

BETHE Für die Vereinigten Staaten. Ich hoffe, daß es niemals dazu kommt.

GARRISON *zu Gray:* Vielen Dank, Dr. Bethe.

Gray blickt fragend zu Robb. Rolander macht eine Geste, daß er Bethe im Kreuzverhör haben möchte.

GRAY Mr. Rolander.

ROLANDER Wie lange hat Klaus Fuchs in Ihrer Abteilung gearbeitet, Dr. Bethe?

BETHE Anderthalb Jahre.

ROLANDER Hat er gut gearbeitet?

BETHE Sehr gut.

ROLANDER Haben Sie bemerkt, daß er sich in Sicherheitsdingen jemals unkorrekt verhalten hätte?

BETHE Nein.

ROLANDER Haben Sie ihn jemals für ein Sicherheitsrisiko gehalten?

BETHE Nein.

ROLANDER Aber es ist dennoch erwiesen, daß er den Russen geheime Informationen übermittelt hat, nicht wahr?

BETHE Ja. – Darf ich fragen, was Sie damit sagen wollen?

ROLANDER Nein, Sir, da Sie der Zeuge sind und nicht ich. – Als Dr. Teller zu Ihnen nach Ithaca kam, um Ihnen die Leitung des Programms anzubieten, haben Sie da über die Höhe Ihrer monatlichen Bezüge gesprochen?

BETHE Ja. Teller machte mir ein Angebot, und ich verlangte mehr.

ROLANDER Wieviel verlangten Sie?

BETHE 5000 Dollar.

ROLANDER Wurde das von Teller akzeptiert?

BETHE Ja.

ROLANDER Verlangt man für eine Stellung mehr Geld, wenn man unentschlossen ist, sie anzutreten?

BETHE Ich ja. ⌜Gute Gedanken sind teuer. Ich esse gern.⌝

ROLANDER Ich habe hier einen Aufsatz aus der Zeitschrift ›Scientific American‹, von Anfang 1950. Darin schreiben Sie:

»Sollen wir die Russen vom Wert der Persönlichkeit überzeugen, indem wir Millionen von ihnen umbringen? Wenn wir einen Krieg mit H-Bomben führen und gewinnen, wird sich die Geschichte nicht an die Ideale erinnern, für die wir kämpften, sondern an die Methode, die wir anwandten, um sie durchzusetzen. Diese Methode wird man mit der ⌜Kriegführung Dschingis Khans⌝ vergleichen.«

Haben Sie das geschrieben?

BETHE Ich finde, es klingt vernünftig. Der Aufsatz wurde damals beschlagnahmt, weil er rüstungswichtige Geheimnisse enthülle.

ROLANDER Sie schrieben ihn wenige Wochen nachdem Sie Teller abgesagt hatten?

BETHE Ich denke.

ROLANDER Und einige Monate danach gingen Sie nach Los Alamos, um die Super zu machen?

BETHE Ja. Was Sie vorgelesen haben, ist noch immer meine Meinung.

ROLANDER Ihre heutige Meinung?

BETHE Ja. Wir können die Entwicklung der Wasserstoffbombe nur rechtfertigen, indem wir ihren Gebrauch verhindern.

ROLANDER Danke, Dr. Bethe.

GRAY Wenn ich Sie richtig interpretiere, dann meinen Sie, daß es falsch war, die Super zu entwickeln?

BETHE Das meine ich.

GRAY Was hätten wir statt dessen tun sollen?

BETHE Wir hätten ein Abkommen finden müssen, daß niemand dieses verfluchte Ding bauen darf, und daß jeder Verstoß dagegen den Krieg auslöst.

GRAY Glauben Sie, daß ein solches Abkommen damals die geringste Chance hatte?

BETHE Es wäre vermutlich leichter zu kriegen gewesen als die Sachen, die wir jetzt machen müssen.

GRAY Wovon sprechen Sie?

BETHE Es scheint, daß den beiden Machtblöcken nicht viel Zeit bleibt, zu entscheiden, ob sie miteinander Doppelselbstmord begehen wollen, oder wie sie das Ding wieder aus der Welt schaffen.

GRAY *zu Robb:* Noch Fragen?

Robb schüttelt den Kopf. Evans meldet sich.

EVANS Ich möchte Sie als Experte fragen, Dr. Teller hat hier gesagt, daß ein Atomkrieg, auch ein unbeschränkter, nicht unbedingt mehr Leiden bringen müsse als ein vergangener Krieg. Was ist Ihre Meinung?

BETHE Daß ich einen solchen Unsinn nicht anhören kann. Ich bitte um Entschuldigung.

EVANS Bitte, bitte.

GRAY Ich danke Ihnen, daß Sie hier erschienen sind, Dr. Bethe.

BETHE Es war meine Pflicht. *Er steht auf.* Darf ich Dr. Oppenheimer bitten, daß er mich in meinem Hotel anruft, wenn er hier fertig ist?

OPPENHEIMER Wie lange werden wir noch hier sein, Herr Vorsitzender?

GRAY Wir haben ein großes Programm hinter uns, wir können uns auf morgen vertagen. – Mr. Robb?

ROBB Da Mr. Griggs wartet, würde ich um ein paar Minuten für Mr. Griggs bitten.

MARKS Könnten wir in diesem Fall auch noch Dr. Rabi hören?

GRAY Einverstanden. – Dr. Griggs, bitte.

Ein Beamter holt Griggs.

OPPENHEIMER *zu Bethe:* Wir könnten zusammen essen.

BETHE Sehr schön.

Er verläßt den Raum. Gleich darauf erscheint Griggs, ein Mann um die Vierzig, der sich wie ein Militär gibt. Er ist ehrgeizig, hübsch und unbedeutend.

GRAY Dr. Griggs, wollen Sie hier unter Eid aussagen?

GRIGGS Ja. Mein Name ist einfach Griggs, David Tressel Griggs.

GRAY David Tressel Griggs, schwören Sie, daß Sie hier die Wahrheit sagen wollen, die ganze Wahrheit und nichts als die Wahrheit, so wahr Ihnen Gott helfe?

GRIGGS Das schwöre ich.

GRAY War es Ihr Wunsch, hier als Zeuge auszusagen?

GRIGGS Ich bin von der Air Force hierher kommandiert.

GRAY Dann möchte ich Ihnen sagen, daß Sie hier nur Ihre eigene Meinung geben dürfen.

GRIGGS Selbstverständlich.

GRAY Welche Stellung nehmen Sie gegenwärtig ein?

GRIGGS Chefwissenschaftler der Air Force.

GRAY Was ist Ihr Fach?

GRIGGS Geophysik.

GRAY Das Verhör kann beginnen.

ROBB Ich möchte Sie fragen, Mr. Griggs, ob Sie Dr. Oppenheimers Einstellung zur Super kennen?

GRIGGS Ja. Wir bekamen alle Gutachten und Berichte, die von ihm abgegeben wurden.

ROBB Wie schätzen Sie seine Haltung ein?

GRIGGS Durch lange Beobachtungen und Analysen bin ich zu der Überzeugung gekommen, daß es unter einigen prominenten Wissenschaftlern eine lautlose Verschwörung gegen die Super gab, daß diese Gruppe die Super verhindern oder zu verzögern suchte, und daß diese Gruppe von Dr. Oppenheimer dirigiert* wurde.

geleitet, gesteuert, gelenkt

ROBB Ist das Ihre private Meinung, oder wird diese Ansicht von anderen geteilt?

GRIGGS Das ist meine eigene Meinung, und es ist die Meinung von ⌜Mr. Finletter⌝, dem Luftwaffenminister, und von ⌜General Vandenberg⌝, dem Stabschef der Air Force.

ROBB Welche Tatsachen brachten Sie zu dieser Überzeugung?

GRIGGS Ich konnte mir die Handlungen Dr. Oppenheimers und anderer lange Zeit nicht erklären. Eines Tages bekam ich einen Schlüssel.

ROBB Wann war das?

GRIGGS Es gab 1951 eine strategische Konferenz, ⌜das sogenannte Vista-Projekt⌝. Die Auseinandersetzung ging darum, ob in der Zukunft das Hauptgewicht auf einer strategischen H-Bomberflotte liegen sollte, oder ob vorrangig die Luftverteidigung ausgebaut werden sollte, die Warnsysteme, die Luftabwehrraketen etc. Eine Art von elektronischer ⌜Maginot-Linie⌝, rein defensiv* und sehr teuer. Die Air Force war entschieden für die H-Bomberflotte.

verteidigend, abwehrend

ROBB Und Oppenheimer?

GRIGGS Ich komme darauf. – Eines Tages, als die Fronten noch nicht geklärt waren, und ich die Befürworter der Luftverteidigung angegriffen hatte, ging Dr. Rabi an die Tafel und schrieb das Wort ZORC dorthin.

ROBB ZORC? Was heißt ›ZORC‹? Können Sie das buchstabieren?

GRIGGS Z-O-R-C. Das sind die Anfangsbuchstaben einer Gruppe, der ⌜Zacharias⌝, Oppenheimer, Rabi und ⌜Charlie Lauritzen⌝ angehörten. Sie erstrebten eine Weltabrüstung.

ROBB Warum schrieb Rabi dieses Wort an die Tafel?

GRIGGS Nach meiner Überzeugung, um seinem Anhang klar zu sagen, wie in der Konferenz operiert werden sollte.

MARKS Mr. Robb, darf ich dem Zeugen eine Zwischenfrage stellen?

ROBB Sie werden Mr. Griggs im Kreuzverhör haben, und Sie können ihm dann jede Frage stellen, Mr. Marks. *Zu Griggs:* Wie endete die Konferenz?

GRIGGS Die Empfehlung der Konferenz ging in drei Hauptpunkten strikt gegen die Linie der Air Force, und dieser Teil der Empfehlung war von Dr. Oppenheimer verfaßt.

ROBB Haben Sie andere Aktivitäten dieser Gruppe um Oppenheimer beobachtet?

GRIGGS Es wurde unter den Wissenschaftlern eine Geschichte verbreitet, daß Mr. Finletter im Pentagon gesagt habe: »Wenn wir soundsoviel Wasserstoffbomben haben, dann können wir die ganze Welt regieren.« Das sollte beweisen, daß wir unverbesserliche Kriegstreiber an der Spitze der Air Force hätten.

ROBB Haben Sie mit Dr. Oppenheimer darüber gesprochen?

GRIGGS Ja. Ich stellte ihn zur Rede und fragte, ob er diese Geschichte erzählt habe. Er sagte, daß er sie gehört habe, und daß er sie nicht ernst nähme. Ich sagte darauf, daß ich sie sehr ernst nähme, denn sie verbreite Lügen zu einem bestimmten Zweck. Dr. Oppenheimer fragte mich, ob das heißen solle, daß ich seine Loyalität bezweifelte, und ich sagte, daß es das heiße.

ROBB Wie reagierte er darauf?

GRIGGS Er sagte, daß ich ein ⌜Paranoiker⌝ sei und verschwand. Ich verstand danach ganz gut, warum Dr. Oppenheimer in Princeton das Programm technisch rühmte, das 2. Laboratorium aber boykottierte*, ob-

in der Arbeit behinderte, nicht beachtete

wohl die Air Force das Geld dafür geben wollte, ich verstand die Behinderungen, die Teller beklagte. Besonders als ich den FBI-Bericht gelesen hatte.

ROBB Glauben Sie, daß zwischen seinen linken Verbindungen und seinem Verhalten in der Frage der H-Bombe ein Zusammenhang besteht?

GRIGGS Das ist meine Überzeugung.

ROBB Halten Sie Dr. Oppenheimer für ein Sicherheitsrisiko?

GRIGGS Für ein sehr großes.

ROBB Danke, Mr. Griggs.

GRAY Mr. Marks?

Oppenheimer dreht sich zu Marks um und macht eine kategorische Handbewegung.*

* keinen Widerspruch duldende

MARKS Es ist der Wunsch Dr. Oppenheimers, daß wir darauf verzichten, Mr. Griggs im Kreuzverhör zu haben. – Die Mitglieder des Ausschusses werden das nicht als eine Zustimmung nehmen.

GRAY Gibt es Fragen an Mr. Griggs? – Bitte Dr. Evans.

EVANS Als Rabi diese vier Buchstaben an die Tafel schrieb, dieses Geheimzeichen, waren da viele Leute anwesend?

GRIGGS Ziemlich viele.

EVANS Und sie sahen das?

GRIGGS Ja. Sie reagierten.

EVANS Wie?

GRIGGS Verschieden. Einige lachten.

EVANS Mr. Griggs, wenn Sie einer Verschwörung angehören würden, und Sie wollten Ihre Mitverschworenen verständigen, würden Sie es dann für klug halten, das an eine Wandtafel zu schreiben?

GRIGGS Ich habe nicht gesagt, daß es klug war. Einer Verschwörung habe ich nie angehört.

EVANS Ich auch nicht, aber ich würde lieber zu den Leuten gehen und sagen, wir wollen das soundso machen.

GRIGGS Das eine schließt das andere nicht aus. Der Fakt ist: Rabi hat ZORC an die Tafel geschrieben.

EVANS Das haben Sie gesagt, ja.

GRAY Weitere Fragen? – Dann danke ich Ihnen für Ihr Erscheinen, Mr. Griggs.

Griggs verläßt den Raum nach einer steifen Verbeugung zu Gray hin. Jetzt noch Dr. Rabi.

MARKS Ich glaube, er ist schon da.

Dr. Rabi, ein quicker, kleiner, scharfzüngiger Mann ist schnell eingetreten, er grüßt alle im Vorübereilen und geht zum Zeugenplatz.

RABI Sie werden alle nach Hause wollen. Mein voller Name ist Isadore Isaac Rabi. Oppenheimer war mit seinen Vornamen vorsichtiger.

Er lacht, einige andere lachen auch.

GRAY Isadore Isaac Rabi, schwören Sie, daß Sie hier die Wahrheit sagen wollen, die ganze Wahrheit und nichts als die Wahrheit, so wahr Ihnen Gott helfe?

RABI *schnell:* So wahr mir Gott helfe. – Ich schwöre jede Woche dreimal. *Er setzt sich.*

GRAY Bitte, Mr. Marks.

MARKS Dr. Rabi, was machen Sie gegenwärtig?

Berühmte New Yorker Universität

RABI Ich lehre Physik an der Columbia-Universität*.

MARKS Würden Sie uns Ihre wichtigsten Regierungsfunktionen nennen?

RABI Ich bringe sie nicht alle zusammen. Vorsitzender des Wissenschaftsrates, Mitglied des Komitees, das den Präsidenten wissenschaftlich berät, dann in einem Haufen von Ausschüssen, Forschung, Entwicklung, Laboratorien, die verflucht viel Zeit kosten, 120 Arbeitstage im Jahr, Sie können mich fragen, wann lehren Sie eigentlich Physik?

MARKS Ich will Ihre Zeit nicht lange in Anspruch nehmen.

RABI Ich habe für Oppenheimer Zeit, denn ich könnte ganz gut an seiner Stelle sein, ich war entschiedener als er gegen das Dringlichkeitsprogramm.

MARKS Warum war Dr. Oppenheimer dagegen?

RABI Weil es technisch beschissen aussah, und weil er fühlte, daß die Super unsere Position im Endeffekt nicht stärken, sondern schwächen würde. Wir sehen heute, daß das ein richtiges Gefühl war.

MARKS Es ist hier gesagt worden, daß es eine Verschwörung gegen die Super gegeben habe, daß diese Verschwörung von Dr. Oppenheimer dirigiert worden sei, und daß Sie zu dieser verschworenen Gruppe gehört hätten.

RABI Ich nehme an, daß das der Herr gesagt hat, dem ich in der Tür begegnet bin, ich könnte Ihnen von Mr. Griggs Geschichten erzählen.

MARKS Wir müssen uns mit den Geschichten beschäftigen, die Mr. Griggs erzählt hat.

RABI Ja. Ernstlich?

MARKS Erinnern Sie sich der sogenannten Vista-Konferenz?

RABI Vista – warten Sie, ja, ich erinnere mich gut.

MARKS Worum ging es dabei?

RABI Der Air Force die Dummheit auszureden, daß man die zukünftige Verteidigung des Landes mit strategischen H-Bomberflotten bewältigen könne. Wenn man diesen Supermen gefolgt wäre, dann hätten wir wegen jeder Balkankrise den dritten Weltkrieg mit Wasserstoffbomben auslösen müssen.

MARKS Welche Ansicht vertrat Dr. Oppenheimer?

RABI Daß wir imstande sein müßten, jeder Bedrohung mit angemessenen Mitteln zu begegnen, sowohl konventionell, wie mit taktischen Atomwaffen, wie mit der Super schließlich, wenn wir angegriffen würden. Dazu brauchten wir längere Warnzeiten durch bessere Warnsysteme. Oppenheimer und ich waren auf einer Linie.

MARKS Und Mr. Griggs vertrat die Linie der Air Force?

RABI Ich habe nie erlebt, daß Mr. Griggs etwas anderes

vertreten hätte als die Ansicht der Leute, die ihn angestellt haben.

MARKS Wissen Sie was ZORC heißt?

RABI Ja, das weiß ich seit diesem schweinischen Artikel in der Zeitschrift ›Fortune‹.

MARKS Haben Sie damals auf der Vista-Konferenz ZORC an die Tafel geschrieben?

RABI Nein, das war Zacharias, er hatte großen Erfolg damit.

MARKS Wer ist Zacharias?

RABI Der wissenschaftliche Berater der Marine, ein erstklassiger Kernphysiker.

MARKS Wie meinen Sie das, Zacharias hatte großen Erfolg?

RABI Die Leute brüllten vor Lachen und Griggs sah ziemlich schlecht aus.

MARKS Warum hat Dr. Zacharias das gemacht?

RABI Weil Griggs weniger argumentierte als seine Gegner verdächtigte. Er spielte auf das dumme Zeug an, das in ›Fortune‹ gestanden hatte. Da Zacharias nach ihm sprach, ging er an die Tafel und schrieb ZORC an, was hieß: Jetzt spricht einer von diesen verräterischen Russenknechten.

MARKS Hatte die Bezeichnung ZORC in ›Fortune‹ gestanden?

RABI Sie war eine Erfindung von ›Fortune‹.

MARKS Sind Sie sicher, daß der Artikel vorher erschienen war?

RABI Wochen vorher.

MARKS Haben Sie gehört, daß Dr. Oppenheimer damals einen angeblichen Ausspruch von Mr. Finletter verbreitet hat, des Inhalts, daß wir mit soundsoviel Wasserstoffbomben –

RABI Ich habe das nicht von Oppenheimer gehört, aber ich weiß, daß Mr. Finletter das gesagt hat.

MARKS Von wem wissen Sie das?

RABI Von Teller, der dabei war.

MARKS Dr. Rabi, warum war der Wissenschaftsrat mit Dr. Oppenheimer gegen ein zweites Laboratorium?

RABI Das ist mir neu. Wir haben Livermore sehr gefördert. Wir waren dagegen, das Superprogramm in einem Air-Force-Laboratorium zu konzentrieren, das nur auf dem Papier stand, während Los Alamos gut arbeitete. Warum den Obstkarren umschmeißen? Weil die Air Force die Armee und die Marine ausbooten wollte? Die gleiche Sache spielte sich bei der Reaktor-Arbeit ab.

MARKS Dr. Rabi, wie lange kennen Sie Dr. Oppenheimer?

RABI Seit 1928, ich habe während des Krieges eng mit ihm zusammengearbeitet, und ich habe das bis vor kurzem getan.

MARKS Kennen Sie den Bericht, den FBI der Atomenergiekommission über Dr. Oppenheimer zuleitete?

RABI Ja.

MARKS Kennen Sie den Brief, der die Beschuldigungen gegen Dr. Oppenheimer enthält?

RABI Aus den Zeitungen, ja. Es war keine angenehme Lektüre.

MARKS Würden Sie Dr. Oppenheimer danach für ein Sicherheitsrisiko halten?

RABI Nein. Ich halte ihn für den loyalsten Menschen, den ich kenne, mich eingeschlossen.

MARKS Danke, Dr. Rabi.

GRAY Mr. Robb.

ROBB Dr. Rabi, in welcher Form haben Sie den Bericht über Dr. Oppenheimer kennengelernt?

RABI Es war ein Auszug von vierzig Seiten, den man mir gab, aus einer viel dickeren Akte, die ich auch hätte sehen können. Ich muß aber sagen, daß mich schon diese vierzig Seiten angekotzt haben.

ROBB Was hat Sie »angekotzt«?

RABI Die Hintertreppe, Mr. Robb. Ein Informant war ein neunjähriger Junge.

ROBB Hat es Sie nicht überrascht zu lesen, daß Dr. Oppenheimer, den Sie hier den loyalsten Menschen genannt haben, den Sie kennen, die Sicherheitsbehörden bei einem ernsten Spionageverdacht wissentlich belogen hat?

RABI Das hat mich damals überrascht, ich fand sein Verhalten töricht, ich muß aber sagen, daß mich heute sein Verhalten weniger überrascht, und daß ich es besser verstehen kann, auch wenn ich es nicht billige.

ROBB Wieso?

RABI Seitdem ich es erlebt habe, was mit unschuldigen Menschen geschehen ist, die in einen solchen Verdacht geraten waren, überrascht es mich etwas weniger, wenn jemand seinem Freund dieses Schicksal ersparen wollte.

ROBB Wenn Sie sich in die Lage von Dr. Oppenheimer versetzen, würden Sie wie er die Sicherheitsbehörden belogen haben?

RABI Weiß der Himmel.

ROBB Ich möchte es von Ihnen wissen.

RABI Ich glaube nicht.

ROBB Aber Sie bleiben bei Ihrem Urteil, daß er der loyalste Mensch ist, den Sie kennen?

RABI Richtig. Denn ich kenne Robert Oppenheimer seit 25 Jahren, und wenn es heute eine amerikanische Physik gibt, die nicht mehr nach Europa wallfahren muß, dann ist dies das Verdienst Oppenheimers und weniger anderer Physiker unserer Generation.

ROBB Das habe ich nicht bezweifelt, Dr. Rabi. Ich wollte nur wissen, ob Sie vollkommene Loyalität damit vereinbaren, daß jemand die Sicherheitsbehörden absichtlich belügt?

RABI Das habe ich beantwortet. Und Oppenheimer hat das beantwortet, indem er nach der bedeutungslosen Chevalier-Episode die Atombombe gemacht hat, eine ganze Kollektion verschiedener Atombomben! Was wollen Sie noch? – Wasserjungfern? Ist das Ende dieses Weges diese Art von Verhör? Das finde ich demütigend, das ist eine schlechte Show.

ROBB Danke, Dr. Rabi.

ROLANDER Ist es zutreffend, Sir, daß Sie Geld in einen Verteidigunsfonds für Dr. Oppenheimer eingezahlt haben?

RABI Ja.

ROLANDER Ist es zutreffend, daß Sie einer Versammlung der Nationalen Akademie der Wissenschaften eine Resolution* zugunsten von Dr. Oppenheimer vorgeschlagen haben?

Entschließung, Beschluss

RABI Da es der Verteidigungsminister* für richtig gehalten hat, Oppenheimer vor der Presse zu verdächtigen, habe ich es für richtig gehalten, daß die Wissenschaftler die Öffentlichkeit auf die Gefahren dieses Verfahrens aufmerksam machen.

Das war 1953–1957 Charles E. Wilson (1890–1961).

ROLANDER Danke, Sir.

EVANS Welche Gefahren meinen Sie?

RABI Ich mache mir große Sorgen, ich glaube, die ganze Gemeinde der Wissenschaftler ist tief besorgt, daß hier ein Mann vor einem Tribunal steht, weil er entschiedene Ansichten entschieden vertreten hat. Es ist die Grundlage für unsere Art des Zusammenlebens. Wenn ein Mann deswegen verurteilt wird, so begeben wir uns des Anspruches, ein freies Land fernerhin genannt zu werden, und jeder von uns kann morgen an der Stelle von Dr. Oppenheimer sein. – Ich beneide Sie nicht.

EVANS Was hätte ich nach Ihrer Ansicht tun sollen?

RABI Sie hätten eine Anklageschrift verlangen müssen, die unloyale Handlungen behauptet, nicht unbequeme Ansichten. Da können Sie gleich mich hierhin stellen. – Ich hoffe, daß meine Sorgen ganz unberechtigt sind, ich hoffe das inständig.

GRAY Sie wissen natürlich, Dr. Rabi, daß dieses Verfahren kein Gerichtsverfahren ist, und daß wir infolgedessen kein Urteil fällen?

RABI Ja, aber Ihr Spruch wird schwerer wiegen als die Entscheidung eines Gerichts.

GRAY Vielen Dank, Dr. Rabi, daß Sie hierhergekommen sind. – Ich schließe die heutige Sitzung.

Lichtwechsel.

Textprojektion oder Lautsprecheransage:

AM VORMITTAG DES 6. MAI 1954 BEENDET DIE KOMMISSION DIE PHASE DER ZEUGENVERNEHMUNG. ES WAREN 40 ZEUGEN IN DER SACHE J. ROBERT OPPENHEIMERS GEHÖRT WORDEN. DAS PROTOKOLL DES VERHÖRS UMFASSTE 3000 MASCHINENSEITEN. DER ZEUGENVERNEHMUNG FOLGTEN DIE PLÄDOYERS.

summation

summation before all of witnesses

8. Szene

GRAY Ich erteile Mr. Robb das Wort, der dem Ausschuß eine Zusammenfassung seiner Argumente vorzutragen wünscht. Das gleiche Recht wird der Verteidigung Dr. Oppenheimers eingeräumt, und Mr. Marks wird dieses Recht wahrnehmen. Danach wird sich der Ausschuß vertagen, um die Entscheidung zu beraten, die zu fällen er beauftragt ist. – Mr. Robb.

ROBB Herr Vorsitzender, ehrenwerte Mitglieder dieses

Ausschusses! Ohne unseren Willen ist hier in diesen dreieinhalb Wochen, die uns Dr. Oppenheimer gegenübersitzt, die Lebensgeschichte eines bedeutenden Physikers zu Protokoll gekommen, in seinen Widersprüchen, seinen Konflikten, und ich gestehe, daß sie mich bewegt hat, daß ich ihren tragischen* Aspekt fühle. Niemand von uns bezweifelt Dr. Oppenheimers große Verdienste, und nur wenige werden sich dem Reiz dieser Persönlichkeit entziehen können. Es ist jedoch unsere schwierige Pflicht, zu untersuchen, ob die Sicherheit des Landes auf einem so wichtigen Gebiet wie der Atomenergie in seinen Händen gut aufgehoben ist. Zu unserem Kummer wird unsere Sicherheit gegenwärtig von den Kommunisten bedroht, die ihre Herrschaftsform über die Welt ausbreiten wollen. Nach seinem eigenen Zeugnis hat Dr. Oppenheimer eine lange Zeit seines Lebens der kommunistischen Bewegung so nahe gestanden, daß es schwerfällt zu sagen, was ihn von einem Kommunisten unterschieden hat. Seine nächsten Verwandten, die Mehrzahl seiner Freunde und Bekannten waren Kommunisten oder Fellow Travellers. Er besuchte kommunistische Versammlungen, er las kommunistische Zeitungen, er spendete Geld und er gehörte einer Vielzahl von kommunistischen Tarnorganisationen an. Ich bezweifle nicht, daß es edle Motive waren, der Wunsch nach sozialer Gerechtigkeit und die Sehnsucht nach einer idealen Welt, die ihn ursprünglich dahin brachten. Ich bin in diesem Verfahren aber zu der Überzeugung gekommen, daß Dr. Oppenheimer diese Verbundenheit nie mehr verlassen hat, auch nachdem sein Enthusiasmus erkaltet war, auch nachdem er sich von den politischen Erscheinungsformen des Kommunismus in Rußland enttäuscht abgewandt hatte.

Hier: schicksalhaften, erschütternden

Sie zeigte sich, als auf Dr. Oppenheimers Vorschläge hin kommunistische Physiker in Schlüsselpositionen an

Kriegsobjekten kamen, sie zeigte sich, als er seinen großen Einfluß darauf verwandte, diese Leute im Projekt zu halten, als man ihnen mißtraute, sie zeigte sich schließlich im Falle Eltenton – Chevalier, wo er ein halbes Jahr zögerte, einen ernsten Spionageverdacht anzuzeigen, wo er die Sicherheitsbehörden wissentlich belog und die Treue zu einem kommunistischen Freund über die Treue zu den Vereinigten Staaten stellte. –

Man hat hier eingewendet, daß diese Handlung weit zurückliege und daß Dr. Oppenheimer durch seine großen Verdienste um die Atombombe seine vollkommene Loyalität bewiesen habe. Ich kann diese Ansicht nicht teilen, obwohl ich seine Verdienste um Los Alamos nicht bestreite. Ich sehe vielmehr in seinen Handlungen nach dem Kriege, besonders in der Frage der Wasserstoffbombe, die gleichen Anfechtungen aus der gleichen alten Verbundenheit.

Dr. Oppenheimer war nach vielen Zeugnissen von der Atombombe und von der Wasserstoffbombe gleichermaßen begeistert, als es gegen die Nazis ging. Als aber klar wurde, daß es nicht nur Rechts-, sondern auch Linksdiktaturen gab, die uns bedrohten, als Sowjetrußland unser potentieller Feind wurde, da wurden seine Skrupel gegen die Waffe groß, und er erstrebte eine Internationalisierung der Atomenergie, obwohl es uns nur durch unser A-Bombenmonopol gelungen war, die Russen in Europa und Asien zu stoppen.

Dr. Oppenheimer war nach seinem eigenen Zeugnis tief deprimiert, als ein solches Abkommen mit den Russen nicht zu schließen war. Er zog aber daraus nicht die Konsequenz, die im besten Interesse der Vereinigten Staaten gelegen hätte, die Konsequenz nämlich, den Bau der Wasserstoffbombe voranzutreiben, ehe die Russen ihrerseits die Atombombe hatten.

Sogar als die russische Bombe die Gefahr für uns überdeutlich markierte, widersetzte er sich mit seinem großen Einfluß einem Dringlichkeitsprogramm für die Super und empfahl neuerliche Verhandlungen mit Sowjetrußland, um die Entwicklung einer solchen Waffe zu verhindern. Als das Programm dennoch angeordnet worden war, als er von den neuen genialen Ideen für die Super wissenschaftlich fasziniert war, gingen seine Empfehlungen immer noch auf ein langfristiges Forschungsprogramm, und als der Test schon festgesetzt war, versuchte er ihn zu verschieben, um die von ihm gewünschten Abrüstungsverhandlungen nicht zu gefährden.

Wir haben hier von einigen Zeugen gehört, daß sie sich den Widerspruch zwischen seinen Worten und seinen Handlungen nicht erklären konnten, und einige, wie Oberst Pash, William Borden und Griggs, schlossen daraus, daß es sich um eine besonders geschickte Form von Verrat handeln müsse. Aber wer wie wir dreieinhalb Wochen lang Dr. Oppenheimer beobachten konnte, wer wie wir von seiner Persönlichkeit beeindruckt ist, der weiß, daß dieser Mann kein Verräter der uns bekannten Kategorien ist. Ich bin davon überzeugt, daß Dr. Oppenheimer nach seinem besten Wissen den Interessen der Vereinigten Staaten nützen wollte. Aber seine Handlungen nach dem Krieg, sein offensichtliches Versagen in der Frage der Super, haben die Interessen des Landes tatsächlich geschädigt, denn nach Dr. Tellers überzeugenden Darlegungen hätten wir die Super vier oder fünf Jahre früher haben können, wenn sie von Dr. Oppenheimer unterstützt worden wäre.

Wie erklärt sich dieses Versagen bei einem so wunderbar begabten Manne, dessen diplomatische Fähigkeiten, dessen Scharfsinn hier so oft gerühmt wurden?

Die Erklärung ist, daß sich Dr. Oppenheimer von den utopischen Idealen einer internationalen klassenlosen

Gesellschaft niemals ganz gelöst hat, daß er ihnen unbewußt oder unterbewußt die Treue hielt, und daß diese unbewußte Loyalität mit der Loyalität den Vereinigten Staaten gegenüber nur auf die Weise zu vereinbaren war. In diesem Widerspruch liegt seine Tragik, und es ist eine anhaltende Tragik, die ihn nicht befähigt, den besten Interessen der Vereinigten Staaten auf diesem diffizilen Gebiet zu dienen, obwohl er das ehrlich zu tun wünscht. Es liegt eine Form des Verrats vor, die unsere Gesetzbücher nicht kennen, der Gedankenverrat, der aus den tiefen Schichten seiner Persönlichkeit kommt und die Handlungen eines Mannes gegen dessen Willen unaufrichtig macht.

Ich spreche von anhaltender Tragik, weil Dr. Oppenheimer in diesem Verfahren niemals die Gelegenheit genützt hat, sich von seinen früheren politischen Ideen und von seinen kommunistischen Verbindungen zu distanzieren*. Er hat diese Verbindungen vielmehr über den Krieg hinaus unterhalten und einige dieser persönlichen Verbindungen unterhält er heute noch. Er hat auch niemals das Falsche seiner Handlungen wirklich eingesehen, und er hat sie nicht bedauert. Und wenn wir ihn hier sagen hören, daß die Welt im Zeitalter der Atomenergie und der großen Massenzerstörungsmittel neue Formen des menschlichen, des wirtschaftlichen, des politischen Zusammenlebens braucht, dann sehe ich auch darin eine Projektion seiner alten Ideale.

loszusagen

Was Amerika heute aber wirklich braucht, das ist eine Stärkung seiner wirtschaftlichen, seiner militärischen, seiner politischen Macht.

Wir sind in unserer Geschichte an einem Punkt angelangt, wo wir erkennen müssen, daß unsere Freiheit ihren Preis hat, und es ist die geschichtliche Notwendigkeit, die es uns nicht erlaubt, irgendeinem Menschen, und wäre es der verdienstvollste, einen Rabatt darauf zu

gewähren. Dabei vergessen wir nicht seine früheren Verdienste, und wir respektieren sie.
Nach meiner Überzeugung kann Dr. Oppenheimer in Würdigung der Tatsachen die Sicherheitsgarantie nicht mehr erteilt werden.

GRAY Danke, Mr. Robb. – Der Ausschuß wird jetzt die Argumente der Verteidigung hören.
Bitte, Mr. Marks.

MARKS Herr Vorsitzender, Dr. Evans, Mr. Morgan!
Mr. Robb hat hier von den großen Verdiensten und den tragischen Aspekten meines Mandanten gesprochen. Ich nehme diese Anteilnahme als Eingeständnis, daß dieses Verfahren keine Tatsachen gebracht hat, die Dr. Oppenheimers Loyalität in Zweifel ziehen.
Es ist allgemein bekannt, daß Dr. Oppenheimer in den dreißiger Jahren starke Sympathien zu radikal linken und zu kommunistischen Ideen hatte, daß er kommunistische Freunde hatte, und daß er einigen Organisationen angehörte, die mit den Kommunisten sympathisierten. In dieser Zeit war dies die Haltung vieler, wenn nicht der meisten Intellektuellen, und ihre sozialkritischen Ideen entsprachen unserer Politik des ⌜New Deal⌝, die größere soziale Gerechtigkeit in unserem Land einführte. Was wir über Dr. Oppenheimers Verbindungen erfahren haben, das findet sich schon in den Fragebogen, die Dr. Oppenheimer vor seinem Eintritt in die Kriegsarbeit ausgefüllt hat, und sie waren den hohen und höchsten Kommissionen bekannt, die Dr. Oppenheimer 1943 und 1947 die Sicherheitsgarantie erteilt haben. Auch das Material, das FBI über Dr. Oppenheimer sammelte und das wir bis zur Stunde nicht einsehen durften, war der verantwortlichen Kommission bereits im Jahre 1947 bekannt. Ich darf annehmen, daß Mr. Robb nicht gezögert hätte, uns hier damit vertraut zu machen, wenn es stichhaltige Belastungen enthalten würde, die wir nicht kennen.

Ebenso bekannt war den Sicherheitsbehörden das Verhalten von Dr. Oppenheimer in dem geklärten Fall Eltenton – Chevalier. Mr. Robb ist uns auch hier neues Material schuldig geblieben. Einen Loyalitätskonflikt hat es insofern nicht gegeben, als Dr. Oppenheimer Chevalier für unschuldig hielt, und es hat sich herausgestellt, daß Chevalier wirklich unschuldig war. Schließlich hat es sich bei der ganzen Sache um einen Spionageversuch nicht gehandelt, Dr. Oppenheimer hat trotzdem nicht gezögert, sein Verhalten dabei töricht zu nennen, und niemand wird bezweifeln, daß er sich heute anders verhalten würde.

Was übrig bleibt, ist die Frage, ob Dr. Oppenheimer die Sicherheit der Vereinigten Staaten geschädigt hat, indem er sich einem Wasserstoffbombenprogramm gegen sein besseres Wissen und in illoyaler Absicht widersetzt hat. Nicht, ob die Ratschläge gut oder schlecht waren, sondern ob es ehrliche Ratschläge waren, und ob sie im besten Interesse der Vereinigten Staaten abgegeben wurden oder nicht.

Viele Fachleute haben vor diesem Ausschuß die Ansicht vertreten, daß sein Rat, die Herstellung der Wasserstoffbombe durch ein internationales Abkommen zu verhindern, ein guter Rat gewesen sei. Er hat das Gleichgewicht des Schreckens, das uns heute lähmt, ahnungsvoll befürchtet. Andere Fachleute wie Teller und Alvarez waren anderer Ansicht, und sie haben ihre Ansicht durchgesetzt. Sie haben Oppenheimers Empfehlungen hier scharf kritisiert, aber auch die entschiedenen Befürworter der Super haben nicht bezweifelt, daß er mit seinem Rat den besten Interessen Amerikas dienen wollte. Dr. Teller hat hier beklagt, daß sich Dr. Oppenheimer für die Super nicht genügend begeistert habe, und daß seine mangelnde Begeisterung die Super um Jahre verzögert habe. Wie aber soll sich ein Mann begeistern, der meint, daß diese Waffe Amerika schwächen und unsere ganze Zivilisation gefährden werde? Wie soll sich ein Mann begeistern, dem ein technisch nicht diskutables Programm zu einer Waffe vorgelegt wird, die alle strategischen und politischen Argumente gegen sich hat? Was würde Dr. Teller sagen, wenn man ihm vorwerfen würde, daß er sich während des Krieges nicht für die Atombombe begeistert hat, daß an seine Stelle Klaus Fuchs kam, und daß er, Teller, deshalb schuld sei, daß Atomgeheimnisse verraten worden sind? Er würde das mit Recht für absurd halten, und ebenso absurd ist der Mythos von der Verzögerung der Super durch Oppenheimers zu geringe Begeisterung.

Oppenheimer hat seine beste Absicht zu einem schlechten Dringlichkeitsprogramm gegeben. Er befand sich in Übereinstimmung mit den besten Fachleuten des Landes. Als das Programm dennoch angeordnet wurde, als die Super durch neue Ideen machbar schien, hat er ihre politische Zweckmäßigkeit nicht mehr erörtert und das Programm nach seiner besten Einsicht unterstützt. Ich sehe nicht, wie man sich korrekter und loyaler verhalten kann.

Wo sind die unaufrichtigen Handlungen, die in Widerspruch zu seinen Worten stehen? Wo sind die Tatsachen, die den Verdacht rechtfertigen, daß sich Dr. Oppenheimer unloyal verhalten habe, daß ihm nicht zu trauen wäre, daß die Sicherheit der Vereinigten Staaten durch ihn gefährdet wäre? Ist die ›geschlossene Versammlung‹ des Mr. Crouch, ist die ›lautlose Verschwörung‹ des Mr. Griggs eine solche Tatsache? Ist es eine verräterische Handlung, wenn sich Dr. Oppenheimer im Rivalitätskampf der Waffengattungen nicht auf die Seite einiger Scharfmacher in der Air Force gestellt hat? Dr. Oppenheimer hatte die amerikanische Regierung zu beraten, nicht die Air Force. Er hatte an Amerika zu denken, nicht an die Priorität einer Waffengattung.

Man kann die Weisheit seines Rates bezweifeln, und wenn man seinen Rat nicht mehr haben will, so geht das ganz in Ordnung, aber man kann die Loyalität eines Mannes nicht bezweifeln, weil man die Weisheit seiner Ansichten bezweifelt.

Und wenn wir hier nach dem Vorschlag von Mr. Robb die Kategorie des Gedankenverrats einführen würden, die es in unseren Gesetzbüchern nicht gibt, so würden wir nicht nur die wissenschaftliche Laufbahn eines großen Amerikaners zerstören, sondern auch die Grundlagen unserer Demokratie.

Die Freiheit hat ihren Preis, darin stimme ich mit Mr. Robb überein, und was dieser Preis ist, das schrieb Dr. Oppenheimer, als er für einen seiner Kollegen eintrat, in einem Zeitungsartikel:

»Politische Ansichten, wie radikal und wie freimütig sie immer geäußert wurden, beeinträchtigen nicht den Rang eines wissenschaftlichen Lehrers. Seine Integrität* und seine Ehre sind davon nicht angetastet. Wir haben in anderen Ländern Beispiele, wie politische Orthodoxie* es fertigbrachte, Wissenschaftler und deren Arbeit zu beendigen. Das führte zu einer Zerstörung der Wissenschaft. Das wäre ein Teil der Zerstörung der Meinungsfreiheit und der politischen Freiheit. Für ein Volk, das frei bleiben will, ist das kein Weg.«

Rechtschaffenheit, Redlichkeit

(griech.) Engstirniges Festhalten an Meinungen

GRAY Danke, Mr. Marks. – Der Ausschuß vertagt sich. Wir werden Ihnen den Zeitpunkt der Schlußsitzung mitteilen. –

Ich danke allen Anwesenden für ihre Unterstützung, ich danke besonders Dr. Oppenheimer.

OPPENHEIMER Besten Dank, Sir.

Dunkel. Oppenheimer tritt an die Rampe. Die Gardine schließt sich.

Textprojektion oder Lautsprecheransage:

Am 14. Mai 1954, wenige Minuten vor zehn, betrat der

Physiker J. Robert Oppenheimer das Büro 2022 der Atomenergiekommission in Washington zum letztenmal, den Spruch des Ausschusses entgegenzunehmen und sich in einem Schlußwort zu rechtfertigen.
Er geht in die Szene zurück.

Oppenheimer speaks direct to audience. — breaks fourth wall

Textprojektion:

DAS URTEIL.

Verdict.

9. Szene

Die Kommission, die Anwälte beider Seiten und Oppenheimer auf ihren gewohnten Plätzen. Gray entnimmt einer Mappe einen Bericht und verliest ihn stehend.

GRAY In Würdigung der Tatsachen ist die Mehrheit dieses Ausschusses, bestehend aus den Mitgliedern Thomas A. Morgan und Gordon Gray und abweichend von der Meinung des Mitgliedes Ward V. Evans, zu der Ansicht gekommen, der Atomenergiekommission in der Sache J. Robert Oppenheimer die folgende Beurteilung übermitteln zu sollen:
»Obwohl wir die vielfältigen früheren kommunistischen Verbindungen Dr. Oppenheimers als eine schwerwiegende Belastung erkennen, obwohl Dr. Oppenheimer die bedauerliche Entscheidung traf, einige Beziehungen bis zum heutigen Tag fortzusetzen, erkennen wir in diesen gegenwärtigen Beziehungen keine Anzeichen der Illoyalität.
Gewichtiger als diese unklugen Verbindungen scheint

uns das Verhalten Dr. Oppenheimers im Falle Eltenton – Chevalier. Indem er bei einer ernsten Spionagebefürchtung die Sicherheitsbehörden wissentlich belog, um einen Freund zu schützen, dessen kommunistischer Hintergrund ihm bekannt war, stellte er sich konsequent außerhalb der Regeln, die das Verhalten anderer bestimmen. Es ist dabei nicht wichtig, ob es sich tatsächlich um einen Spionageversuch gehandelt hat, wichtig ist allein, daß er an diese Möglichkeit geglaubt hat. Die fortgesetzte Verfälschung und falsche Darstellung lassen auf beunruhigende charakterliche Defekte schließen.

Loyalität gegenüber seinen Freunden ist eine der edelsten Eigenschaften. Über die vernünftigen Verpflichtungen gegenüber seinem Land und dessen Sicherheitssystem hinaus seinen Freunden gegenüber loyal zu sein, ist jedoch ohne Zweifel unvereinbar mit den Interessen des Landes.

Die Einstellung Dr. Oppenheimers zur Wasserstoffbombe finden wir beunruhigend und undurchsichtig. Wenn Dr. Oppenheimer dem Programm seine enthusiastische Unterstützung gegeben hätte, dann wäre es zu einem früheren Zeitpunkt zu einer organisierten Anstrengung gekommen, und wir hätten die Super wesentlich früher gehabt. Das hätte die Sicherheit der Vereinigten Staaten verstärkt. Wir glauben, daß Dr. Oppenheimers negative Einstellung zur Super von seinen starken moralischen Skrupeln beeinflußt war, und daß er durch sein Verhalten andere Wissenschaftler negativ beeinflußt hat. Wenn wir auch nicht bezweifeln, daß er seinen Rat nach seinem besten Wissen und in loyaler Absicht gegeben hat, so zeigt doch seine Bemühung, den Bau der H-Bombe durch internationale Abkommen zu verhindern, sowie die von ihm geforderte Garantie, diese Waffe niemals als erste zu verwenden, einen beklagenswerten Mangel an Vertrauen in die Regierung der Vereinigten Staaten.

Wir finden, daß sein Verhalten genügend starke Zweifel aufkommen läßt, ob seine künftige Beteiligung an einem nationalen Verteidigungsprogramm, sofern er dieselbe Haltung einnähme, mit den besten Interessen der Sicherheit klar vereinbar wäre.
Unsere Bedenken zusammenfassend, sind wir der Meinung, daß Dr. Oppenheimer keinen Anspruch mehr auf das bedingungslose Vertrauen der Regierung und der Atomenergiekommission hat, das sich in der Erteilung der Sicherheitsgarantie ausdrücken würde, weil ihm grundsätzliche charakterliche Mängel nachzuweisen sind. –
Gordon Gray und Thomas A. Morgan.«
Zusatz von Gordon Gray:
»Ich bin der Ansicht, daß es uns möglich gewesen wäre, zu einem anderen Ergebnis zu kommen, wenn es uns erlaubt gewesen wäre, unabhängig von den starren Regeln und Maßstäben, die uns vorgeschrieben sind, Dr. Oppenheimer zu beurteilen.«
Ich bitte jetzt Dr. Evans, seinen Minderheitsbericht zu verlesen.

Er setzt sich. Evans nimmt ein Blatt Papier auf, das er sich nahe vor die Augen hält, um es lesen zu können.

EVANS »Nach den hier unterbreiteten Tatsachen halte ich Dr. Oppenheimer für vollständig loyal, ich sehe in ihm kein Sicherheitsrisiko, ich finde keinen Grund, ihm die Sicherheitsgarantie zu verweigern.
Meine Gründe: Die früheren kommunistischen Verbindungen Dr. Oppenheimers, sein Verhalten im Falle Chevalier eingeschlossen, lagen vor seinen großen Verdiensten, die er sich um Amerika erworben hat. Dr. Oppenheimer hat diese Verbindungen nie verheimlicht, und alle hier vorgebrachten Belastungen waren bekannt, als ihm, zuletzt im Jahre 1947, die Sicherheitsgarantie erteilt wurde. Mich beunruhigt die Tatsache, daß ein

wechselndes Klima die Bedeutung der gleichen Tatsachen wechseln lassen soll.
Bei den Debatten um die Super hatte Dr. Oppenheimer nicht nur das Recht, sondern die Pflicht, seine eigene Meinung zu vertreten. Seine Ansichten in dieser schwierigen Frage waren wohlbegründet, sie stimmten mit vielen der besten Fachleute auf diesem Feld überein, und es ist nicht sicher, ob sein Rat nicht schließlich der bessere Rat war. Es kommt jedoch nicht auf die Güte des Rates, sondern auf die Ehrlichkeit an, wenn wir die Loyalität eines Menschen untersuchen. Moralische und ethische Bedenken der Entwicklung einer Waffe gegenüber müssen die Interessen Amerikas nicht verletzen, und es ist vernünftig, die Folgen einer so folgenreichen Entwicklung rechtzeitig zu bedenken. – Ward V. Evans.«

GRAY Es ist danach klar, daß die Mehrheit des Ausschusses der Atomenergiekommission empfiehlt, die Sicherheitsgarantie an Dr. Oppenheimer nicht zu erteilen.
Zu Oppenheimers Verteidigern: Dagegen kann Einspruch bei der Atomenergiekommission erhoben werden. – Ich gebe Dr. Oppenheimer die Gelegenheit zu einem Schlußwort, das er erbeten hatte.
Oppenheimer erhebt sich, die Brille in der Hand, den Kopf leicht schief gehalten, in der Rede gelegentlich zögernd, wenn er über eine Formulierung nachdenkt.

OPPENHEIMER Als ich mich vor mehr als einem Monat zum erstenmal auf dieses alte Sofa setzte, war ich willens, mich zu verteidigen, denn ich fand keine Schuld an mir, und ich sah mich als Opfer einer bestimmten politischen Konstellation, die ich beklagenswert fand.
Zu dem widerwärtigen Unternehmen gezwungen, mein Leben zu rekapitulieren, meine Motive zu handeln, meine Konflikte, und auch die Konflikte, die sich nicht eingestellt hatten, – begann sich meine Haltung zu wandeln. Ich bemühte mich, vollkommen offen zu sein, und

das ist eine Technik, die man erlernen muß, wenn man viele Jahre seines Lebens zu anderen Menschen nicht offen war. Indem ich über mich, einen Physiker in unserer Zeit, nachdachte, begann ich mich zu fragen, ob nicht tatsächlich so etwas stattgefunden hat wie Gedankenverrat, eine Kategorie, die Mr. Robb hier einzuführen empfahl. Wenn ich denke, daß es uns eine geläufige Tatsache geworden ist, daß auch die Grundlagenforschung in der Kernphysik heute die höchste Geheimnisstufc hat, daß unsere Laboratorien von den militärischen Instanzen bezahlt und wie Kriegsobjekte bewacht werden, wenn ich denke, was im gleichen Fall aus den Ideen des ⌜Kopernikus⌝ oder den Entdeckungen ⌜Newtons⌝ geworden wäre, dann frage ich mich, ob wir den Geist der Wissenschaft nicht wirklich verraten haben, als wir unsere Forschungsarbeiten den Militärs überließen, ohne an die Folgen zu denken.

So finden wir uns in einer Welt, in der die Menschen die Entdeckungen der Gelehrten mit Schrecken studieren, und neue Entdeckungen rufen neue Todesängste bei ihnen hervor. Dabei scheint die Hoffnung gering, daß die Menschen bald lernen könnten, auf diesem klein gewordenen Stern miteinander zu leben, und gering ist die Hoffnung, daß sich ihr Leben eines nicht fernen Tages in seinem materiellen Aspekt auf die neuen menschenfreundlichen Entdeckungen gründen werde.

Es scheint ein weidlich* utopischer Gedanke, daß die überall gleich leicht und gleich billig herstellbare Kernenergie andere Gleichheiten nach sich ziehen werde, und daß die künstlichen Gehirne, die wir für die großen Vernichtungswaffen entwickelten, künftig unsere Fabriken in Gang halten könnten, der menschlichen Arbeit ihren schöpferischen Rang zurückgebend. Das würde unserem Leben die materiellen Freiheiten schenken, dic eine der Voraussetzungen des Glückes sind, aber man muß

ziemlich

sagen, daß diese Hoffnungen durch unsere Wirklichkeit nicht zu belegen sind. Doch sind sie die Alternative zu der Vernichtung dieser Erde, die wir fürchten, und die wir uns nicht vorstellen können. An diesem Kreuzweg empfinden wir Physiker, daß wir niemals so viel Bedeutung hatten und daß wir niemals so ohnmächtig waren.

Als ich mein Leben hier durchging, fand ich, daß die Handlungen, die mich nach Ansicht des Ausschusses belasten, der Idee der Wissenschaften nähergestanden sind als die Verdienste, die man mir anrechnet. Ganz anders als dieser Ausschuß frage ich mich infolgedessen, ob wir Physiker unseren Regierungen nicht zuweilen eine zu große, eine zu ungeprüfte Loyalität gegeben haben, gegen unsere bessere Einsicht, in meinem Fall nicht nur in der Frage der Wasserstoffbombe.

Wir haben die besten Jahre unseres Lebens damit verbracht, immer perfektere Zerstörungsmittel zu finden, wir haben die Arbeit der Militärs getan, und ich habe in den Eingeweiden das Gefühl, daß dies falsch war. Obzwar ich die Entscheidung der Mehrheit dieses Ausschusses anfechten werde, will ich fernerhin an Kriegsprojekten nicht arbeiten, wie immer die angestrebte Revision* ausfallen mag.

(lat.) Wiederaufnahme der Untersuchung

Wir haben die Arbeit des Teufels getan, und wir kehren nun zu unseren wirklichen Aufgaben zurück. Vor ein paar Tagen hat mir Rabi erzählt, daß er sich wieder ausschließlich der Forschung widmen wolle. Wir können nichts besseres tun als die Welt an diesen wenigen Stellen offenzuhalten, die offenzuhalten sind.

Vorhang.

Nachbemerkung

In der Sache J. Robert Oppenheimer ist ein Theaterstück, keine Montage von dokumentarischem Material. Der Verfasser sieht sich jedoch ausdrücklich an die Tatsachen gebunden, die aus den Dokumenten und Berichten zur Sache hervorgehen.

Seine hauptsächliche Quelle ist das 3000 Maschinenseiten umfassende Protokoll des Untersuchungsverfahrens gegen J. Robert Oppenheimer, das von der Atomenergiekommission der Vereinigten Staaten im Mai 1954 veröffentlicht wurde.

Es ist die Absicht des Verfassers, ein abgekürztes Bild des Verfahrens zu liefern, das szenisch darstellbar ist und das die Wahrheit nicht beschädigt. Da sein Geschäft die Bühne, nicht die Geschichtsschreibung ist, versucht er nach dem Ratschlag des Hegel*, den »Kern und Sinn« einer historischen Begebenheit aus den »umherspielenden Zufälligkeiten und gleichgültigem Beiwerke des Geschehens« freizulegen; »die nur relativen Umstände und Charakterzüge abzustreifen und dafür solche an die Stelle zu setzen, durch welche die Substanz der Sache klar herausscheinen kann«. (Hegel, Ästhetik, 3. Teil, 3. Kapitel A.z.c., Seite 897, Berlin 1955.)

Georg Wilhelm Friedrich Hegel (1770–1831), dt. Philosoph

Aus wohlerwogenen Gründen legte sich der Verfasser für die vorliegende Arbeit jedoch Beschränkungen auf, alle im Stück erscheinenden Tatsachen der historischen Wirklichkeit zu entnehmen. Die Freiheiten des Verfassers liegen in der Auswahl, in der Anordnung, in der Formulierung und in der Konzentration des Stoffes. Um die Form eines sowohl strengeren als auch umfassenderen Zeitdokuments zu erreichen, das ihm für die Bühne wünschenswert schien, waren einige Ergänzungen und Vertiefungen erforderlich. Er verfuhr dabei nach dem Prinzip »so wenig wie möglich und soviel wie notwendig«. Wenn die Wahrheit von einer Wirkung bedroht schien, opferte er die Wirkung.

Einige Beispiele für die Freiheiten, die sich der Verfasser nahm: Das originale Hearing* dauerte länger als einen Monat, und es wurden 40 Zeugen gehört. Der Verfasser begnügte sich mit 6 Zeugen. Die gebotene Konzentration war mit einer wortgetreuen Montage von Rede und Gegenrede nicht zu erzielen, und sie schien dem Autor im Interesse der Einheit des Stückes auch nicht wünschenswert. Er bemühte sich, die Worttreue durch Sinntreue zu ersetzen.

(engl.) Verhör, Anhörung (vor einem Ausschuss)

Die Beschränkung auf sechs Zeugen hat zur Folge, daß im Stück gelegentlich mehrere sich ergänzende Zeugnisse in einer einzigen Zeugenaussage erscheinen. So finden sich in der Bühnenfigur des Zeugen Rabi auch Züge und Äußerungen des Zeugen Bush, der im Stück nicht auftritt. Den Bankraubvergleich machte in Wirklichkeit nicht Morgan, sondern Robb. Er verhörte den Zeugen McCloy darüber, nicht Lansdale wie in dem Stück.

Zwischen den Szenen des Stückes verwendet der Autor Monologe oder Miniszenen, die es im wirklichen Hearing nicht gegeben hat. Er bemühte sich, die Zwischenszenen aus der Haltung zu entwickeln, die von den Personen im Hearing oder bei anderen Gelegenheiten angenommen wurde. Im historischen Hearing hat Edward Teller am Ende seiner Zeugenaussage keine Erklärung abgegeben. Einige der von Teller im Stück geäußerten Gedanken entnahm der Verfasser sinngemäß den Reden und Aufsätzen Tellers.

Oppenheimer hatte in Wirklichkeit drei Verteidiger, im Stück zwei. Herbert S. Marks, der im Stück von Anfang sein Verteidiger ist, wurde in Wirklichkeit erst im Laufe des Verfahrens zu Oppenheimers Beratung hinzugezogen. Das wirkliche Plädoyer wurde von Garrison, nicht von Marks gehalten.

Im Gegensatz zum Stück wurde die Entscheidung des Ausschusses nicht am Ende verlesen, sondern erst später brieflich zugestellt. Oppenheimer hat das in dem Stück vorkommende Schlußwort nicht wirklich gesprochen.

Heinar Kipphardt

Kommentar

Zeittafel zu Heinar Kipphardt

1922 Heinar Kipphardt kommt am 8. März als Heinrich Mauritius Kipphardt in Heidersdorf, Schlesien, zur Welt. Die Eltern sind der Zahnarzt Heinrich Kipphardt (1897–1977) und seine Frau Elfriede (geb. Kaufmann, 1899–1975).

1933 Der Vater wird als politischer Gefangener in den Konzentrationslagern Dürrgoy und Buchenwald interniert.

1937 Kipphardts Vater kommt aus dem KZ frei. Umzug der Familie nach Krefeld.

1940 Abitur in Krefeld. Arbeitsdienst.

1941 Studium der Medizin in Bonn, Köln, Düsseldorf.

1942 Kriegsdienst an der Ostfront.

1943 Heirat mit Lore Hannen. Die Tochter Linde wird geboren.

1945 Im Januar desertiert Kipphardt. Nach Kriegsende Fortsetzung des Studiums.

1947–1949 Staatsexamen. Er arbeitet als Assistenzarzt in Krefeld und Düsseldorf.

1949 Kipphardt siedelt nach Ost-Berlin über, wird Assistenzarzt an der Charité. Erste Veröffentlichung: *Es ist noch nicht zu Ende* (Gedichte).

1950 Der Sohn Jan kommt zur Welt. Promotion zum Dr. med.

1950 Dramaturg am Deutschen Theater in Ost-Berlin.

1951 Die ersten Erzählungen, *Fremd stirbt ein junger Bruder* und *Späte Erkenntnis*, werden veröffentlicht.

1952 Uraufführung des ersten Stücks *Entscheidungen*.

1953 Eintritt in die SED. Uraufführung von *Shakespeare dringend gesucht*. Nationalpreis der DDR.

1956 Uraufführung von *Der Aufstieg des Alois Piontek*.

1957 Die Erzählung *Der Hund des Generals* erscheint.

1959 Verhör vor der Kulturkommission der SED. Von einem Arbeitsaufenthalt in Düsseldorf kehrt er nicht mehr in die DDR zurück, seine Familie lässt er nachkommen. Umzug nach Büderich bei Düsseldorf. Dramaturg am Schauspielhaus Düsseldorf. Ausschluss aus der Partei.

1961 Uraufführung von *Die Stühle des Herrn Szmil*. Umzug nach München. Lektor bei Bertelsmann.

1962 Uraufführung von *Der Hund des Generals*. Schiller-Gedächtnispreis.

1963 Trennung von Lore Kipphardt. Pia Pavel wird Kipphardts Lebensgefährtin. Erstes Fernsehspiel *Bartleby* (nach Herman Melville, 1819–1891).

1964 Am 23. Januar Ausstrahlung des Fernsehspiels *In der Sache J. Robert Oppenheimer*, das mit zahlreichen Preisen ausgezeichnet wird. 11. Oktober: Uraufführung von *In der Sache J. Robert Oppenheimer* in München und Berlin. Fernsehspiele *Der Hund des Generals* und *Die Geschichte von Joel Brand*. Kontroverse zwischen Kipphardt und Jean Vilar (1912–1971).

1965 Uraufführung von *Joel Brand. Die Geschichte eines Geschäfts*. Kauf einer Mühle in Angelsbruck bei Erding in Oberbayern (Umzug 1972).

1966 Israel-Reise. Der Sohn Franz kommt zur Welt.

1967 Uraufführung *Die Nacht, in der der Chef geschlachtet wurde*.

1968 Uraufführung von *Die Soldaten* (nach J. M. R. Lenz, 1751–1792).

1969 Der Sohn Moritz wird geboren.

1970–1971 Chefdramaturg an den Münchner Kammerspielen. Uraufführung von *Sedanfeier*. Skandal um das Programmheft von Wolf Biermanns (*1936) *Der Dra-Dra*. Kipphardts Vertrag wird nicht verlängert. Heirat mit Pia Pavel.

1975 Fernsehspiel *Leben des schizophrenen Dichters Alexander März*.

1976 Prix Italia. Roman *März*.

1977 Bremer Literaturpreis. Arbeitsstipendium in Hamburg. *Angelsbrucker Notizen* (Gedichte).

1980 Uraufführung *März, ein Künstlerleben*.

1982 Schauspiel *Bruder Eichman* (Uraufführung 1983). Am 18. November stirbt Kipphardt an einer Gehirnblutung in einem Münchner Krankenhaus. Er wird am 23. November auf dem Friedhof Reichenkirchen beigesetzt.

Zeittafel zu J. Robert Oppenheimer

1904 22. April: Julius Robert Oppenheimer wird als Sohn des deutschen Einwanderers Julius Oppenheimer und der Amerikanerin Ella Oppenheimer (geb. Friedman) in New York geboren.

1922–1925 Oppenheimer studiert Chemie und Physik an der renommierten Harvard Universität. Nach seinem Abschluss setzt er seine Studien in Cambridge (England) und Göttingen (Deutschland) fort.

1927 Promotion bei Max Born (1882–1970) in Göttingen. Forschungsstipendien in Amerika und Europa.

1929–1947 Oppenheimer lehrt an der University of California (Berkeley) und am Institute of Technology in Pasadena.

1936–1939 Jean Tatlock ist die Verlobte Oppenheimers.

1940 Kathryn Puening und Oppenheimer heiraten.

1941 Oppenheimer wird Mitglied der National Academy of Science.

1942 Oppenheimer erhält den staatlichen Auftrag, die wissenschaftlichen Aufgaben des amerikanischen Atomwaffenprogramms zu koordinieren.

1943 Spionagefall um die Oppenheimer-Schüler Joseph Weinberg, David Bohm (1917–1992), Giovanni Rossi Lomanitz (1921–2003). Das ›Manhattan Project‹, bei dem die ersten Atombomben gefertigt werden sollen, läuft ab März in den neu gegründeten Laboratorien von Los Alamos unter strenger militärischer Geheimhaltung. Im Juli wird Oppenheimer nach Erteilung der Sicherheitsgarantie zum Direktor von Los Alamos ernannt.

1945 16. Juli: Testexplosion der ersten Atombombe unter dem Codewort ›Trinity‹ in der Wüste von New Mexiko (Alamogordo). 6. August: Abwurf der Atombombe auf Hiroshima. 9. August: Abwurf der Atombombe auf Nagasaki. 16. Oktober: Oppenheimer tritt als Direktor der Laboratorien in Los Alamos zurück.

1946–1952 Oppenheimer ist Vorsitzender des Beratungsausschusses der Atomenergiekommission und hat daneben fast 50 Beraterposten.

1947 In Hollywood hat die Neufassung (1945–47) von Bertolt Brechts *Leben des Galilei* (entstanden 1938/39) Premiere. Bekanntschaft Brechts (1898–1956) mit Oppenheimer.

1947–1966 Oppenheimer leitet das Institute for Advanced Study in Princeton, New Jersey.

1948 Oppenheimer wird Präsident der American Physical Society.

1949 29. August: Testexplosion der ersten sowjetischen Atombombe.

1952 1. November: Testexplosion der ersten amerikanischen Wasserstoffbombe (›Mike‹), die unter Leitung Edward Tellers (1908–2003) entwickelt wurde. Die Oppenheimer-Kommission hatte sich gegen den Bau der Bombe ausgesprochen.

1953 12. August: Explosion der ersten sowjetischen Wasserstoffbombe. November: Das FBI reicht belastendes Material über Oppenheimer an Präsident Eisenhower (1890–1969), worauf dieser verfügt, Oppenheimer nicht mehr über Geheimsachen zu informieren. 21./22. Dezember: Oppenheimer wird vor die Alternative gestellt, sofort als Regierungsberater zurückzutreten oder ein Sicherheitsverfahren auf sich zu nehmen. Oppenheimer entscheidet sich für das Verfahren.

1954 4. März: Oppenheimer schreibt eine Erwiderung auf die Anklagen der Atomenergiekommission. 12. April: Beginn des Hearings vor der Atomenergiekommission. 14. Mai: Das Verfahren endet mit dem endgültigen Entzug der Sicherheitsgarantie.

1963 Oppenheimer wird durch die Verleihung des Enrico-Fermi-Preises rehabilitiert.

1967 Oppenheimer stirbt am 18. Februar in Princeton an Kehlkopfkrebs.

Oppenheimer und die Bombe

Am 6. August 1945 setzten die Vereinigten Staaten von Amerika erstmals in der Geschichte als kriegerische Maßnahme eine Atombombe ein. Die Uranbombe, die um 8.15 Uhr japanischer Ortszeit über der Hafenstadt Hiroshima abgeworfen wurde, tötete innerhalb von Sekunden Tausende von Menschen. Diese eine Bombe reichte aus, um die Stadt auf einer Fläche von 13 Quadratkilometern dem Erdboden gleichzumachen, von 76 000 Gebäuden wurden 70 000 zerstört. Insgesamt starben 200 000 Menschen an den Folgen des Atombombeneinsatzes, 100 000 wurden verwundet.

Hiroshima

Drei Tage später, am 9. August 1945 – die japanische Führung hatte nicht, wie von den Amerikanern erhofft, kapituliert –, wurde eine zweite Atombombe über der Stadt Nagasaki abgeworfen, die 74 000 Menschen das Leben kostete. Unter den Langzeitfolgen der radioaktiven Verseuchung leiden Überlebende und Nachgeborene in beiden Städten bis heute, dazu gehören körperliche Entstellungen, Fehl- und Missgeburten, Leukämie und andere Krebserkrankungen.

Nagasaki

Angesichts dieser grausamen Geschehnisse kann man sich kaum vorstellen, dass die Entwicklung der Atombombe 1942 bis 1945 gewissermaßen in einer guten Absicht geschah. Die Amerikaner befürchteten damals, dass die Deutschen vor ihnen in der Lage sein würden, eine Atombombe herzustellen. In Anbetracht des Zerstörungswillens, den Adolf Hitler (1889–1945) und seine Gefolgsleute an den Tag gelegt hatten, sahen sich die amerikanischen Politiker von der Gefahr einer faschistischen Weltherrschaft ernsthaft bedroht. Präsident Franklin D. Roosevelt (1882–1945) gab deshalb den Befehl, mit allen verfügbaren Mitteln die Entwicklung der Atombombe voranzutreiben.

Im Frühjahr 1943 wurde zu diesem Zweck im abgelegenen Los Alamos, New Mexico, ein geheimes Entwicklungslabor eingerichtet. Der Physiker J. Robert Oppenheimer (1904–1967) wurde mit der wissenschaftlichen Leitung des Projekts betraut, und ihm gelang es, weitere exzellente Wissenschaftler nach Los Alamos zu holen. Im Sommer 1945 stand den Amerikanern die Atombombe zur Verfügung.

Das ›Manhattan Project‹

Doch die politische Konstellation hatte sich bis dahin bereits grundlegend geändert. Die gefürchtete Naziherrschaft war besiegt, am 8. Mai 1945 hatte Deutschland kapituliert. Um nun auch die Niederlage Japans schnell zu erzwingen, beschloss Präsident Harry S. Truman (1884–1972), der seit Roosevelts Tod 1945 Amerika regierte, die neu entwickelte Bombe einzusetzen und damit die Schlagkraft des amerikanischen Militärs zu demonstrieren. Oppenheimer trat als Leiter der Laboratorien von Los Alamos im Oktober 1945 zurück, er blieb aber weiterhin als Berater in zahlreichen Gremien tätig, u. a. war er Vorsitzender des Beratungsausschusses der Atomenergiekommission, die die amerikanische Regierung in Fragen über die Nutzung von Kernenergie beriet.

Der ›Kalte Krieg‹

Nachdem der gemeinsame Feind Deutschland besiegt worden war, entwickelten sich die ehemaligen Bündnisgenossen USA und Sowjetunion zu Rivalen, die in Europa sehr unterschiedliche Ziele verfolgten. Die Gegensätze führten zu einer weltweiten politischen Polarisierung in ein westliches Lager unter der Führung der USA und ein östliches Lager unter Leitung der Sowjetunion, wobei gegenseitiges Misstrauen und das Bedürfnis, dem anderen militärisch überlegen zu sein, vorherrschten. Die gegenseitige ideologische und propagandistische Unterwanderung, die wirtschaftlichen Kampfmaßnahmen, das Wettrüsten und der Ausbau von Bündnissen innerhalb des eigenen Machtblocks, die typisch waren für den Ost-West-Konflikt der Jahre 1947 bis 1989, werden mit der Bezeichnung ›Kalter Krieg‹ treffend beschrieben: Zwar kam es nicht zu kriegerischen Auseinandersetzungen zwischen den Parteien in dieser Zeit, dennoch betrachtete man das Gegenüber als Feind oder zumindest als ständige potenzielle Gefahr.

So war die erste Kernexplosion der Sowjets, die diesen im August 1949 gelang, für die Amerikaner ein großer Schock: Sie waren damit nicht mehr die einzige Macht der Welt, die über Atombomben verfügte. Sogleich sollte von der Atomenergiekommission geprüft werden, ob und in welchem Zeitraum es möglich war, eine Wasserstoffbombe herzustellen, deren Zerstörungskraft bedeutend größer sein würde als die der Atombombe. Der Beratungsausschuss unter Oppenheimers Vorsitz kam in einem Gutachten zu dem Schluss, dass enorme technische Schwierigkeiten der Entwicklung der H-Bombe im Weg stünden. Trotzdem entschied sich Präsident Truman für den Bau. Tatsächlich gelang es dem Team um Edward Teller, 1951 die Wasserstoffbombe zu entwickeln. Die erste wurde 1952 getestet, ihre Explosionskraft entsprach über 700 Hiroshima-Bomben. Doch der neue Triumph der Amerikaner dauerte nicht lange an: Im August 1953 zündete auch die Sowjetunion eine Wasserstoffbombe. Sofort wurde in den USA nach den Gründen gefahndet: Warum hatte man die Wasserstoffbombe nicht schon früher entwickelt? Hatte jemand in der höchsten Ebene ihrem Bau entgegengearbeitet? Da Oppenheimers frühere Sympathien für den Kommunismus bekannt waren und er sich gegen den Bau der H-Bombe ausgesprochen hatte, wurde ein Verfahren eingeleitet, an dessen Ende man ihm die Erlaubnis zur Mitarbeit an geheimen Projekten entzog.

Die H-Bombe

Verfahren gegen Oppenheimer

Der ›Fall Oppenheimer‹ ist auch ein Beispiel für die Sicherheitshysterie, die in jener Zeit von Amerika Besitz ergriffen hatte und die mit dem Namen des Politikers McCarthy verbunden ist. Joseph Raymond McCarthy (1909–1957) wurde 1947 Senator, ab 1953 war er Vorsitzender des ständigen Untersuchungsausschusses des Senats für Fragen der inneren Sicherheit. Etwa ab 1950 führte er – angeblich aus Sorge um die Sicherheit der USA – regelrechte Hetzjagden gegen vermeintliche Kommunisten und deren Sympathisanten durch. Dabei kamen auch Methoden zum Einsatz, die mit den demokratischen und freiheitlichen Grundsätzen der amerikanischen Verfassung nicht wirklich vereinbar sind (z. B. Beobachtung oder Telefonabhören durch FBI-Beamte). Die McCarthy-Ära spiegelt ein Dilemma, das in Krisenzeiten in demokratischen Staaten immer wieder zum Vorschein kommt: Wie viel der persönlichen Freiheit seiner Bürger darf der Staat beschneiden, um die Sicherheit aller Bürger oder des Staates herzustellen? Ähnliche Fragestellungen ergaben sich auch in der Bundesrepublik ab 1970, als die Rote-Armee-Fraktion (RAF) mit Anschlägen ihre sozialrevolutionären Ziele durchsetzen wollte. Die damalige Regierung versuchte dem Terrorismus Einhalt zu gebieten, indem sie eine Reihe von Gesetzen verabschiedete, die bei vielen Menschen auf Kritik stießen, weil sie

McCarthy-Ära

sich dadurch in ihrer persönlichen Freiheit beschnitten sahen. Auch einige der Maßnahmen, die die Vereinigten Staaten nach dem Anschlag auf das New Yorker World Trade Center am 11. September 2001 ergriffen, sind trotz der verständlichen Angst vor Wiederholungstaten als problematisch zu bewerten. Oppenheimers frühere Kontakte zu Kommunisten wurden ihm 1954 zum Verhängnis, weil im Lichte des Sicherheitswahns jener Zeit jede noch so unbedeutende Verbindung zum Gedankengut des politischen Gegners als Loyalitätsmangel dem eigenen Staat gegenüber gedeutet wurde. Aus dem Protokoll des Verfahrens, in dem über Oppenheimers Sicherheitsgarantie entschieden wurde, erarbeitete der deutsche Schriftsteller Heinar Kipphardt (1922–1982) das Theaterstück *In der Sache J. Robert Oppenheimer*.

Entstehungs- und Textgeschichte

Fernsehspiel und Bühnenfassung

Die ersten Arbeiten Kipphardts an dem Stück reichen bis in die 1950er-Jahre zurück. Anfang 1958 berichtete er in einem Brief an seine Eltern erstmals von seinen Plänen, die Geschichte des J. Robert Oppenheimer zum Gegenstand eines Theaterstücks zu machen. Obwohl er gerade an seinem Drama *Die Stühle des Herrn Szmil* arbeitete, wie er in dem Brief vom 23. Januar 1958 schrieb, war er »mit halbem Kopf« bereits mit der neuen Aufgabe beschäftigt: »Einer großen, schwierigen Sache, dem Fall Oppenheimer, dem großen amerikanischen Atomphysiker, in dem so etwas wie eine heutige Dr. Faustus-Geschichte steckt.« (Materialien 1987, S. 155) Der Stoff

Kipphardt hielt den Stoff »für einen großen Glücksfall«, wie er im Oktober 1961 an den Freund und Schriftsteller Boris Djacenko (1917–1975) schrieb (ebd., S. 122). Als Quelle verwendete er die Transkriptionen des Oppenheimer-Hearings, über 3 000 maschinengeschriebene Seiten, die die Verhöre aus dem Jahr 1954 protokollierten. Kipphardt musste sie übersetzen und durcharbeiten, bevor er sie für sein Stück verwerten konnte, zweifellos leistete er damit eine »journalistische Fleißarbeit« (Stock 1987, S. 72). Das Spektrum von Kipphardts Quellenverwendung reicht dabei von im Wortlaut unbearbeitetem Textmaterial bis hin zu freier Texterfindung »in Verallgemeinerung von dem geschichtlichen Material entnehmbaren Sachverhalten« (Scharfschwerdt 1996, S. 186). Darüber hinaus hat er auch Arbeiten von und über Oppenheimer verwendet (zum Verhältnis der Quellen und dem literarischen Text vgl. zusammenfassend Hanuschek 1993, S. 130–135). Am weitesten entfernte sich Kipphardt von seiner Quelle mit der Schlussrede, die die Oppenheimer-Figur am Ende des Stücks hält und die an die Selbstverurteilung Galileis in der dritten Fassung von Bertolt Brechts *Leben des Galilei* erinnert (vgl. Abschnitt ›Deutungsansätze‹, S. 175). Die Quelle / Der lit. Text

Die Arbeit am *Oppenheimer* gestaltete sich für Kipphardt phasenweise recht mühsam. An seine spätere Lebensgefährtin Pia Pavel schrieb er Ende Juli 1962:

»Ich habe ziemlich gut am Oppenheimer gearbeitet, den ich hasse wie übrigens jeden anderen Stoff, an dem ich gearbeitet habe. Es kommt die Zeit, da arbeitet man nur noch, um den Stoff zu vernichten, der einem widerlich und lästig geworden ist. Oppenheimer ist mit aufdringlich vielen Anliegen behaftet wie Hiob mit Schwären [...]. Man könnte zu einem Schiller degenerieren, so sprachröhrt der Zeitgeist in diesem blöden Stoff herum.« (Materialien 1987, S. 125)

Die Briefe Kipphardts an Familienangehörige und Freunde verdeutlichen, wie beschwerlich der Weg von den Quellen zum literarischen Text für Kipphardt war: »Ich sitze gegenwärtig täglich meine zehn Stunden an der Schreibmaschine, um Oppenheimer fertig zu kriegen«, schrieb er im Februar 1963 an den Vater (ebd., S. 129). Dennoch plante Kipphardt parallel zur Veröffentlichung des Stücks Ende 1962 auch ein Sachbuch zu Oppenheimer, das Teile des Hearings, von ihm ins Deutsche übersetzt, enthalten sollte, wie aus der Korrespondenz zwischen Kipphardt und dem damaligen Leiter der Theaterabteilung des Suhrkamp Verlags, Karlheinz Braun, hervorgeht (vgl. ebd., S. 126–128). Das Sachbuch wurde nie realisiert.

Fernsehspiel

Am 23. Januar 1964 wurde die erste Fassung des Stoffs als Fernsehspiel vom Hessischen Rundfunk ausgestrahlt. Sie trug den Untertitel »Ein szenischer Bericht«. Diese Textfassung bildet die erste Druckfassung des Stücks (und entspricht edition suhrkamp Bd. 64, 1.–4. Auflage). Eine von Kipphardt entwickelte Hörspielfassung des *Oppenheimer* wurde am 14. und 15. Februar 1964 vom Westdeutschen und vom Bayerischen Rundfunk gesendet.

Hörspiel

Bühnenfassung

Die Bühnenfassung, die Kipphardt basierend auf dem Fernsehspiel erarbeitete, hatte am 11. Oktober 1964 zeitgleich an der Freien Volksbühne in Berlin und an den Münchner Kammerspielen Uraufführung. Diese Fassung bildete die zweite Druckfassung des Stücks (veröffentlicht in *Spectaculum* 7; entspricht edition suhrkamp 64, 5.–17. Auflage).

Oppenheimers Einwände

Wann der historische Oppenheimer von der Existenz des Stückes erfahren hat, kann nicht genau rekonstruiert werden. Bekannt ist aber, dass der Komponist Nicolas Nabokov (1903–1978) dem ihm bekannten Oppenheimer während dessen Aufenthalts in Paris im August 1964 von einer französischen Rohübersetzung von Kipphardts Schauspiel berichtete. Nabokov war auch derjenige, der Regisseur Erwin Piscator (1893–1966) in Berlin über Oppenheimers Bedenken in Kenntnis setzte. Nabokovs dringender Empfehlung zufolge sollte sich Kipphardt mit Oppenheimer in Verbindung setzen, um die strittigen Punkte zu klären (vgl. Hoffmann 1995, S. 279 f.).

Kipphardts Bemühen um Einigung

Kipphardt war sehr bemüht, mit Oppenheimer zu einer Einigung zu gelangen. Bereits Ende August – er hatte zwischenzeitlich von Piscator gehört, dass Oppenheimer mit einigen Textstellen nicht einverstanden sei – konzipierte Kipphardt einen Brief an den Physiker, in dem er beteuerte, dass er in seinem Stück »nach meiner besten Sorge die Wahrheit tunlichst nicht beschädigen« wollte (Materialien 1987, S. 159). Anschließend flog Kipphardt nach Paris, um sich bei Nabokov und dem Regisseur einer französischen Inszenierung des Stücks, Jean Vilar (1912–71), über Oppenheimers Bedenken genauer zu informieren. Sodann reiste er weiter nach Genf, wo Oppenheimer sich gerade aufhielt. Nabokov hatte angeboten, ein Treffen zu arrangieren, dieses kam aber nicht zustande. Stattdessen führte Kipphardt am 8. September 1964 »ein sehr langes und freundliches Telefongespräch mit Dr. Oppenheimer in Genf«, wie er in einer Aktennotiz festhielt (ebd., S. 161). Oppenheimer missfiel v. a. die Schlussrede der Hauptfigur. Dennoch versicherte der Physiker Kipphardt zu diesem Zeitpunkt, an rechtliche Schritte oder eine Stellungnahme in der Presse nicht zu denken (vgl. ebd., S. 163). Kipphardt verfasste daraufhin eine »Nachbemerkung«, die im Anschluss an das Stück zu finden ist; die Theater verpflichtete er, sie in die Programmhefte zum Stück aufzunehmen. Diesen Text übersandte er dem Atomphysiker am 1. Oktober 1964 zusammen mit einer deutschen Bühnenfassung des Stücks, da Oppenheimer bislang nur in die französische Rohübersetzung Einblick genommen hatte.

Oppenheimers Kritik

Oppenheimer reagierte am 12. Oktober mit einem Brief, der Kipphardts Stück weit schärfer verurteilte, als nach seinen ersten Ausführungen anzunehmen war. Wiederum galt sein Hauptaugenmerk der Schlussrede. Es ginge ihm nicht darum, dass die Hauptfigur des Stücks eine Schlussrede halte, obwohl es diese nicht gegeben habe, sondern darum, dass die Figur Gedanken äußere, die seiner Einstellung nicht entsprächen. Selbst nach Hiroshima sei er davon überzeugt, dass es richtig gewesen war, Atomwaffen zu entwickeln. »It seems to me that you may well have forgotten Guernica, Dachau, Coventry, Belsen, Warsaw, Dresden, Tokyo« [»Es scheint mir, dass Sie Guernica, Dachau, Coventry, Belsen, Warschau, Dresden, Tokio vergessen haben«], warf er Kipphardt vor (ebd., S. 165). Gleichzeitig betonte er, dass er sich juristische Schritte durchaus vorbehalte. Oppenheimer erlag hier einem Missverständnis, das auch in einigen Textinterpretationen zu finden ist: dem, dass sich historische Person und literarische Figur entsprechen können. Zwar hat Kipphardt den Anspruch, die Wirklichkeit und damit auch Oppenheimer möglichst präzise nachzubilden, dennoch ist ein Theaterstück – im Gegensatz zu realem Geschehen – durch vorgegebene Konstruktionsmerkmale gekennzeichnet (z.B. Anfang, Ende und eine Handlung, die auf das Ende zuführt). »Why do you have me lie about it?« [»Warum haben Sie mich darüber die Unwahrheit sagen lassen?«] (ebd., S. 164) und »you make me say things which I did not and do not believe« [»Sie lassen mich Dinge sagen, die ich nicht glaubte und noch immer nicht glaube«] (ebd., S. 165), schrieb Oppenheimer in dem Brief an Kipphardt – ohne zu differenzieren, dass es eben nicht er ist, der diese Sätze spricht, sondern ein Schauspieler, der ihn als künstlich geschaffene Figur auf der Bühne verkörpert.

Die öffentl. Auseinandersetzung

Obwohl Kipphardt mit einem ausführlichen Brief einzulenken versuchte, gelangten Oppenheimers Verwahrungen gegen das Stück im November 1964 an die Öffentlichkeit – nicht zuletzt durch das gezielte Zutragen des Oppenheimer-Briefs vom 12. Oktober an die Presse durch Jean Vilar, der damit eigene Interessen verfolgte (vgl. Abschnitt ›Wirkungsgeschichte‹ S. 162 f.). Die *Washington Post* druckte am 9. November zudem ein Interview mit Oppenheimer, in dem dieser seine Ansicht über das Stück schilderte. Die deutsche Zeitung *Die Welt* veröffentlichte einen Tag später einen Artikel, ebenso zwei Tage später Kipphardts Antwort auf die Vorwürfe. »Aber es muß doch auch nach Auschwitz einem deutschen Schriftsteller erlaubt sein, die Kernfragen seiner Zeit zu behandeln«, hielt dieser fest (Materialien 1987, S. 175). Einen Tag nach Veröffentlichung seiner Stellungnahme schrieb Kipphardt wiederum an Oppenheimer, sein Brief blieb unbeantwortet.

Die Aussöhnung

Erst über ein Jahr später wandte sich Oppenheimer erneut an den Schriftsteller – dieses Mal mit versöhnlichen Worten. Er habe sich Kipphardt gegenüber »unduly harsh and unkind« [»unnötig streng und unfreundlich«] verhalten, so befinde er im Rückblick. Zwar wäre es ihm lieber gewesen, nie die Hauptfigur eines Theaterstückes geworden zu sein, dennoch begreife er, dass Kipphardt ihm nicht habe schaden wollen. Insbesondere, so hielt er fest, »I wish that I had written with greater restraint and kindness« [»wünschte ich, ich hätte mit mehr Selbstbeherrschung und Freundlichkeit geschrieben«] (ebd., S. 177). Kipphardt hatte Verständnis für die Lage des Atomphysikers: »Oppenheimer war außerordentlich erschrocken, daß auf einmal da ein Kamel, also ich, daherkommt und das Gras abfrißt, das über eine Sache gewachsen schien«, sagte er in einem Interview 1977 (Materialien 1981, S. 20f.). Ein Jahr vor Veröffentlichung des Stücks war Oppenheimer mit dem Enrico-Fermi-Preis ausgezeichnet worden, der höchsten Auszeichnung, die die amerikanische Atomenergiebehörde zu vergeben hat. Obwohl die Richtigkeit des Verfahrens und der Entscheidung bezüglich Oppenheimer nie in Frage gestellt wurde, kam die Auszeichnung, vom amerikanischen Präsidenten persönlich verliehen, einer Rehabilitierung des Wissenschaftlers gleich. Folglich wirbelte Kipphardt Staub in einer Sache auf, die Oppenheimer kurz zuvor als endlich abgeschlossen betrachtet hatte.

Weitere Fassungen

Für die Aufführung am Deutschen Schauspielhaus in Hamburg 1977 entstand eine dritte Fassung, die der in *Theaterstücke*, Bd. 1 (sowie in edition suhrkamp 64, ab der 18. Auflage) entspricht. Diese Fassung wurde für den vorliegenden Band verwendet. Die Änderungen betreffen v. a. die Anfänge der ersten und der siebten Szene sowie die Reflexionen einzelner Figuren, die in der 1964er-Fassung als Monologe vorgesehen waren, in der Variante von 1977 dann als Zwischenszenen angelegt sind (vgl. Materialien 1987, S. 290 f.). Die 1964er-Fassung endet zudem nicht mit Oppenheimers Schlusswort, sondern mit folgender Textprojektion:

»*Die Gardine schließt sich.*
Textprojektion

AM 2. DEZEMBER 1963 WURDE J. ROBERT OPPENHEIMER DER ENRICO-FREMI-PREIS FÜR SEINE VERDIENSTE UM DAS ATOMENERGIEPROGRAMM WÄHREND KRITISCHER JAHRE VON PRÄSIDENT JOHNSON ÜBERREICHT.
DEN VORSCHLAG ZUR VERLEIHUNG MACHTE DER VORJÄHRIGE PREISTRÄGER EDWARD TELLER.

Vorhang.«

In den *Gesammelten Werken in Einzelausgaben* (1987) wurden zudem zwei Änderungen berücksichtigt, die Kipphardt 1981 für eine Aufführung in München schrieb; streng genommen ist das eine vierte Fassung (zu den Unterschieden innerhalb der verschiedenen Druckfassungen vgl. Hanuschek 1993, S. 105, und Müller 1989, S. 29 f.). Prinzipiell kann man festhalten, »daß Kipphardt sich in seiner Überarbeitung etwas mehr von der Historiographie entfernen, das Stück in größerem Maße ›literarisieren‹ wollte« (Hanuschek 1993, S. 105).

Wirkungsgeschichte

»Alle grossen Erfolge beruhen auf Missverständnissen«, schrieb der Schriftstellerkollege Peter Hacks (1928–2003) am 14. Juni 1964 an Kipphardt. Er prophezeite seinem Freund, dass der *Oppenheimer* solch ein Erfolg werden würde:

> »Und es wird einer werden auf Grund eines Irrtums. Nämlich bin ich sicher, dass sich die Publikume der Welt mit I.R.O. identifizieren werden als mit einem, der das Gute will, wie sie, und der nichts dafür tut, wie sie, und der so schrecklich hart damit bestraft wird, dass man ihm, gleich ihnen, nicht gestattet, Amerika zu regieren« (Materialien 1987, S. 210).

Die erste Fassung des Stoffs war nicht für die Bühne, sondern für das Fernsehen entstanden. Am 23. Januar 1964 wurde der *Oppenheimer* erstmals als Fernsehspiel ausgestrahlt, kaum einen Monat später wurde die Hörspielfassung gesendet (14./15. Februar 1964). Für das Fernsehspiel erhielt Kipphardt zahlreiche Auszeichnungen, u.a. den Gerhart-Hauptmann-Preis, den Fernsehpreis der Deutschen Akademie der darstellenden Künste, den Kritiker-Preis des Internationalen Fernseh-Festivals (Prag) und den renommierten Adolf-Grimme-Preis des deutschen Volkshochschulverbandes sowie den Hauptpreis der Jury der Fachpresse.

Auszeichnungen

Die Proben zu den Uraufführungen der Bühnenfassung, die gleichzeitig an den Münchner Kammerspielen in der Regie von Paul Verhoeven (1901–1975) und an der Freien Volksbühne in West-Berlin (Regie: Erwin Piscator) geplant waren, besuchte Kipphardt abwechselnd, weil er hoffte, dadurch »zu anständigen Aufführungen zu kommen«, wie er am 20. August 1964 an seine Eltern schrieb (ebd., S. 138). »Viel Zeit werden mich die Proben [...] kosten. Hier insceniert das Paul Verhoeven, ein erfahrener Theatermann der guten, alten Schule, die ich ihm austreiben muß. Piscator macht es in Berlin, und der ist ja auch nicht mehr so frisch«, beschrieb er seine Bedenken.

Die Premieren am 11. Oktober 1964 wurden von der Kritik größtenteils positiv aufgenommen. Urs Jenny verglich die beiden Uraufführungen in einer Rezension für *Theater heute*. Das Stück

Lob der Uraufführungen

selbst wurde sehr positiv beurteilt: »Kipphardt ist allen Good-Will-Dramatikern voraus, weil er nicht moralisiert, nicht Patentrezepte empfiehlt, sondern die Unlösbarkeit dieses Konflikts selbst zum Gegenstand seines Stückes macht und ihm durch direkte Umkehrung echte Dramatik abgewinnt« (*Theater heute*, H. 11/1964, S. 22). Überzeugt zeigt sich Jenny auch von Kipphardts Umsetzung der 3 000 Protokollseiten in ein Schauspiel: »Zuspitzung und Entspannung sind genau kalkuliert, schlagende Formulierungen und ein erlösendes Lachen weckende Pointen unaufdringlich, aber sicher gesetzt« (ebd., S. 24). Auch die Adaption des Fernsehspiels in einen dramatischen Text hält Jenny für gelungen: »es gab genug Skeptiker, die bezweifelten, daß dieses spröde, aktionsarme, ganz untheatralische Argumentationsstück die Verpflanzung auf eine Bühne unbeschädigt überstehen könnte. Der Transport gelang« (ebd.). In diesem Punkt waren einige Kritiker anderer Meinung, so etwa Friedrich Luft: »Der Stoff leidet beim Transport. Dem Fernsehen nimmt man die künstliche Rekonstruktion eines zeitgenössischen Tatbestandes nachsichtiger ab als der Bühne.« (*Die Welt*, 13. 10. 1964)

Kritisch gesehen wurde außerdem Kipphardts Berufen darauf, dass er den *Oppenheimer* einerseits als literarischen Text verstehe, dieser andererseits aber ausdrücklich an die historische Wahrheit gebunden sei. »Den Ansprüchen auf historische Exaktheit kann der Autor mit dem Hinweis begegnen, er habe ein Theaterstück geschrieben; bei literarischen Forderungen aber kann er sich auf die Tatsachen berufen«, bemängelte deshalb Klaus Eder (*Stuttgarter Zeitung*, 12. 10. 1964).

Allein 1964/65 wurde der *Oppenheimer* 27-mal inszeniert und 598-mal aufgeführt – und war damit das meistgespielte Stück dieser Spielzeit in Deutschland. In Paris war es Regisseur Jean Vilar, der eine Inszenierung für das Théâtre de l'Athénée vorbereitete und mit dem Kipphardt in einen Streit über die Bearbeitung seines Stücks geriet. Nicht zuletzt aufgrund der Einwände Oppenheimers sah Vilar sich veranlasst, Kipphardts Stück so weit zu verändern, dass er es schließlich als eigene literarische Ausarbeitung des Oppenheimer-Hearings verstand.

Inszenierung in Paris

»Vilar nimmt meine Personen, meine Kompositionsweise und

meine Szenenfolge«, hielt Kipphardt in der *Süddeutschen Zeitung* (23. 12. 1964) dagegen. »In der französischen Fassung durch Jean Vilar sind meinem Stück die Zähne ausgebrochen worden«, heißt es darin weiter. Kipphardts Unmut über Vilars Bearbeitung ist der polemische Ton des Artikels geschuldet: »es handelt sich um das landläufige Verderben eines Stückes durch bearbeitungswütige Regisseure, denen zu ihren Bearbeitungen eines fehlt: daß sie es können« (Materialien 1987, S. 180f.). Kipphardt und der Suhrkamp Verlag drohten, gerichtliche Schritte einzuleiten, worauf Vilar Kipphardts Stück als Ausgangspunkt seiner Textfassung nannte.

Inszenierung am BE

Für besonders geglückt befand Kipphardt die Inszenierung am Berliner Ensemble (Regie: Manfred Wekwerth/Joachim Tenschert; vgl. Naumann/Töteberg 1992, S. 41 f.). Diese hatte am 12. April 1965 Premiere. Während sich die westdeutsche Presse über die »literarische Heimkehr« des »Republikflüchtlings« etwas wunderte (*Theater heute*, H. 5/1965, S. 54), die Umsetzung im Übrigen als gelungen anerkannte (vgl. Karbach 1989, S. 187), lobte die ostdeutsche Theaterzeitschrift *Theater der Zeit* insbesondere die Leistung des Schauspielers Ekkehard Schall (* 1930) in der Rolle des Oppenheimer (*Theater der Zeit* 11/1965, S. 11). Mit der *Oppenheimer*-Inszenierung wurde hier bewusst Bezug genommen auf Brechts *Galilei*, u. a. indem man das Stück in der Grunddekoration der *Galilei*-Inszenierung spielte.

Amerik. Erstaufführung

Die amerikanische Erstaufführung fand am 24. Mai 1968 in Los Angeles statt. Oppenheimers Tod am 18. Februar 1967 hatte die rechtliche Lage verändert, da das amerikanische Persönlichkeitsrecht insbesondere lebende Personen schützt. Deshalb wurden für die Aufführung auch die Namen der Figuren Robb, Rolander, Garrison, Marks, Pash, Griggs und Rabi in erfundene Namen geändert. Rabi, Griggs und Robb waren mit der Darstellung ihrer Figuren in dem Stück nicht einverstanden und hatten mit juristischen Schritten gedroht (vgl. Materialien 1987, S. 263).

Zwei weitere wichtige Inszenierungen waren die von Regisseur Dieter Giesing am Deutschen Schauspielhaus in Hamburg (Premiere: 19. 11. 1977) und am Bayerischen Staatsschauspiel München (Premiere: 14. 2. 1981), die »eindeutigen und einhelligen

Erfolg bei Publikum und Kritik« erzielten, weil sie den Blick auf das »atomkraftbedrohte Heute« jener Zeit einbezogen (*Theater heute*, H. 4/1981, S. 63).

Mit *In der Sache J. Robert Oppenheimer* gelang Kipphardt der endgültige Durchbruch als Schriftsteller – auch über Deutschland hinaus. Das Stück wurde schon in den 1960er-Jahren ins Italienische, Ungarische, Dänische, Japanische, Niederländische, Tschechische, Portugiesische, Spanische, Türkische, Französische, Englische und Persische übersetzt und auf vielen Bühnen in aller Welt gespielt. Seit 1964 wurden allein von der edition-suhrkamp-Ausgabe von Kipphardts *Oppenheimer* 550000 Exemplare verkauft. Das Stück gehört zu den Klassikern des modernen Theaters.

Deutungsansätze

Insbesondere in den 1970er- und 1980er-Jahren sind viele Interpretationen und wissenschaftliche Publikationen zu Kipphardts *Oppenheimer* veröffentlicht worden. Thematisch lassen sich drei Schwerpunkte ausmachen. Häufig wird das Stück im Kontext der dokumentarischen Literatur der 1960er-Jahre untersucht. Auch die Konflikte des modernen Naturwissenschaftlers sind anhand von Oppenheimers Fall diskutiert worden. Den einzelnen Figuren und den Figurenkonstellationen innerhalb des Stücks widmen sich ebenfalls zahlreiche Arbeiten.

Das Oppenheimer-Stück als Beispiel für Dokumentartheater

Dokumentarliteratur

Mit der Bezeichnung ›Dokumentarliteratur‹ erfasst man die politisch orientierten Theaterstücke, Hör- und Fernsehspiele, Filme sowie Prosa und Gedichte, die ab Beginn der 1960er-Jahre entstanden. Neu war an der dokumentarischen Literatur, dass sie sich auf Dokumente und Fakten stützte, die fiktive Fabel wurde durch den historischen Geschehensablauf ersetzt. Zum Teil werden recht unterschiedliche Dramenkonzeptionen mit dem Schlagwort ›dokumentarisches Theater‹ benannt, gemeinsam ist ihnen, dass Dokumente, Reden oder Berichte aus dem Archiv als ›Fertigteile‹ ins Drama integriert werden (vgl. Koebner 1984, S. 308). Kipphardts *Oppenheimer*, der sich auf historische Quellen wie das Protokoll des Hearings stützt, ist als eines der großen Werke der dokumentarischen Literatur eingeordnet worden. Neben Rolf Hochhuth (*Der Stellvertreter*; 1963) und Peter Weiss (*Die Ermittlung*; 1965) gilt Kipphardt als wichtigster Repräsentant des Dokumentartheaters.

Repräsentanten des Dokumentartheaters

Das Theater wurde von Autoren wie Kipphardt, Hochhuth (*1931) oder Weiss (1916–1982) als Instrument öffentlicher Meinungsbildung verstanden – gerade weil jene Instanzen, die der Wahrheitsfindung dienen sollten, die Medien oder die Justiz etwa, ihre Aufgaben in den Augen ihrer Kritiker versäumten (vgl. ebd., S. 306 f.). In der Dokumentationsliteratur wurde gleichsam die Geschichte selbst in den Zeugenstand gerufen (vgl.

Volckmann 1981, S. 324 f.), das Absichern der Figuren und Handlungen durch belegbare Quellen machte die Texte glaubwürdiger und sollte die Zuschauer zwingen, sich mit den Kernfragen ihrer Zeit auseinander zu setzen (vgl. Barton 1987, S. 49). »Ich möchte eine Literatur machen, die Urteile ermöglicht und Urteile begünstigt«, sagte Kipphardt in einem Interview im *Westdeutschen Rundfunk* im Oktober 1965 (Materialien 1987, S. 191). Das betont, dass die Autoren sich mit ihren Texten in die gesellschaftliche Realität einmischen, sie verändern wollten.

Das Schreiben dokumentarischer Literatur bedeutete für den Autor auch, dem Schreibprozess eine mühevolle und geradezu wissenschaftliche Recherche voranzustellen. »Ich kann Dir sagen, daß Fakten für die Poesie eine verdrießliche Sache sind. Die schlaueren Dichter sind vor ihnen immer davon gelaufen, und das mache ich in den nächsten Stücken auch«, schrieb Kipphardt an Peter Hacks am 24. April 1963 (ebd., S. 204). Die wesentlichen Kennzeichen der dokumentarischen Literatur sind damit benannt: die Aktualität des gewählten Themas, das gesellschaftlich bedeutsam ist, das Basieren auf Dokumenten, der wissenschaftliche Anspruch bei der Einarbeitung der Quellen. Das wichtigste strukturelle Merkmal des Dokumentartheaters ist die Montage, bei der Teile der Quellen und Dokumente durch ihre Auswahl und ihre Zusammensetzung im Kunstwerk neue Bedeutungen und neue Funktionen erhalten (vgl. Barton 1987, S. 4 f.).

Charakteristika der Dokumentarliteratur

Impulse für das Dokumentartheater

Impulse für das dokumentarische Theater sind von zahlreichen Autoren und Stilrichtungen der Vergangenheit ausgegangen, etwa Friedrich Schillers (1759–1805) Geschichtsdramen, Georg Büchners Stücken, dem Naturalismus, Erwin Piscators politischem Theater oder Bertolt Brechts epischem Theater. So hat Georg Büchner (1813–1837) – der es als »höchste Aufgabe« des Dichters ansah, »der Geschichte, wie sie sich wirklich begeben, so nahe als möglich zu kommen« (Georg Büchner, *Werke und Briefe*. Münchner Ausgabe, München 1992, S. 305) – in seinem Stück *Dantons Tod* (1835) einiges Quellenmaterial fast unverändert in sein Drama eingebaut, wenn auch von einem »neuen dokumentarischen Prinzip« dabei nicht die Rede sein kann (Barton 1987, S. 24). Im Naturalismus findet sich, wie später im dokumentarischen Theater, eine Tendenz zur »Verwissenschaftlichung der Literatur« (ebd., S. 25).

›Neue Sachlichkeit‹

In der zweiten Hälfte der 1920er-Jahre wurde die ›Neue Sachlichkeit‹ zur dominierenden Bewegung in Literatur und Kunst (vgl. ebd., S. 30). Diese war tatsachenorientiert und kann als Vorläufer der dokumentarischen Literatur verstanden werden. Auch die Piscator-Inszenierungen in dieser Dekade leisteten einen bedeutenden Beitrag zur Entwicklung eines dokumentarischen Inszenierungsstils (ebd., S. 40). Piscator setzte bei seinen Inszenierungen neue Medien ein wie etwa Film und Dias. »Natürlich sind von dem politischen Theater Erwin Piscators große Anregungen ausgegangen«, hielt Kipphardt in einem Gespräch mit Hellmuth Karasek 1966 selbst fest (Materialien 1987, S. 226). Im Unterschied zu seinen Stücken wertete er jene der damaligen Zeit aber als »ziemlich thesenhaft agitatorisch. Sie arbeiten mit Mitteln des Einfühlungstheaters und der Entscheidungsdramaturgie. Ich würde dem Zuschauer gern die Haltung des Prüfens, des Urteilens, des Verwerfens lassen, die Freiheit eines Partners.« Diese »Haltung des Prüfens«, der Einfühlung des Zuschauers in die Figuren entgegengesetzt, ist ein wichtiges Element des Brecht'schen epischen Theaters, dessen Rezeption bei Kipphardt eine besondere Rolle spielte. Brecht hatte das Theater seiner Zeit als unzulänglich beschrieben, weil es falsche Abbildungen des gesellschaftlichen Lebens darstelle. Beim Zuschauer werde Einfühlung in die Figur erzeugt, so entstehe auf der Bühne eine Traumwelt, in welche die Zuschauer vor ihrer Realität kurzzeitig entfliehen können, sinnvollen Genuss biete das Theater aber nicht. Gegen das Nachempfinden setzte Brecht das Verstehen der Geschehnisse. In seiner Vorstellung waren die Dargestellten abhängig von den Verhältnissen, die um sie herum herrschen. Diese Verhältnisse wiederum werden von Menschen gemacht und aufrechterhalten, obgleich sie durch ihre Dauerhaftigkeit oft selbstverständlich wirken.

Brecht-Rezeption bei Kipphardt

Der Zuschauer im epischen Theater sollte das vermeintlich Selbstverständliche als menschengemacht entlarven, indem er mit einem prüfenden Blick auf das Bekannte schaut. Die Wirklichkeit, v. a. auch die der Zuschauer, war nach Brecht stetiger Bezugspunkt der Kunst. Kipphardts Texte sind von den Sichtweisen Brechts über das Theater stark beeinflusst. Dazu gehört im Übrigen auch die Vorstellung, dass trotz des Wahrheitsanspruchs das Theater den Zuschauer unterhalten muss: »Wie immer, die Kunst des Theaters muß sich in den Stand setzen, die Tatsachen unserer Welt in die Geschichten aufzunehmen, die sie erzählt, und die Genüsse, die das Theater bereitet, dürfen dadurch nicht kleiner werden«, schrieb Kipphardt 1964 (Materialien 1981, S. 31).

In der Forschungsliteratur, die Kipphardts *Oppenheimer* als Text der dokumentarischen Literatur untersucht, sind mehrfach die Verhörprotokolle mit dem Stück verglichen worden, um die Art der Übernahmen aus den Quellen genauer zu kennzeichnen. Zahlreiche Auszüge aus den Dokumenten, so wird festgestellt, werden entweder wörtlich oder dem Sinn nach im Drama wiedergegeben. Die meisten Eingriffe in die Quellen sind nachvollziehbar und dienen u. a. der Vereinfachung, der dramatischen Spannung oder der »historischen Erweiterung«, indem das politische Klima der Zeit durch zusätzliches Material erklärt wird (Barton 1987, S. 80 f.). Die eigentlich 40 Zeugen des Hearings reduzierte Kipphardt auf sechs, von denen drei für Oppenheimer (Bethe, Lansdale, Rabi) und drei gegen ihn (Pash, Griggs, Teller) sprechen. Aussagen, die im Verlauf des Hearings von verschiedenen Personen gemacht worden waren, montierte Kipphardt dabei stellenweise in den Text einer Figur, sodass die auftretenden Figuren nur sehr bedingt ihren historischen Vorbildern entsprechen. Obwohl der Anteil der Übernahmen aus den Verhörprotokollen hoch ist, darf Kipphardts künstlerische Leistung bei

Montage

der Montage nicht unterschätzt werden: »Durch Emotionalisierung und Theatralisierung werden aus den meist blassen, abstrakten Sprech-Figuren der Wirklichkeit [...] erst bei Kipphardt Menschen«, urteilt etwa Sven Hanuschek (Hanuschek 1993, S. 108). Es ist die Leistung Kipphardts, »aus einer sprunghaften, unzusammenhängenden, kolossalischen Menge von Zeugenaussagen [...] zusammenhängende, aufeinander bezogene Szenen und Gedankengänge *komponiert*« zu haben (ebd., S. 109).

»Die Faktenfülle ist die Materialgrundlage, der der Dramatiker das für seinen Stoff Charakteristische entreißt, und er muß einiges tun, um schließlich ein selbständiges Kunstgebilde herzustellen«, hielt auch Kipphardt in einem Gespräch mit Hellmuth Karasek 1966 fest (Materialien 1987, S. 223). Dennoch, so betonte er in der Nachbemerkung zum Stück, sah er sich »ausdrücklich an die Tatsachen gebunden, die aus den Dokumenten und Berichten zur Sache hervorgehen«.

Kritik am Dokumentartheater

Ende der 1960er-Jahre wurden die Möglichkeiten der Dokumentarliteratur sowie das Verhältnis von Fiktionalität und Realität in den Texten bereits überwiegend kritisch beurteilt. »Ein Theaterstück, das vorgibt, dokumentarisch zu sein, baut seine Wahrheit auf dem Schwindel auf, daß Theaterszenen etwas anderes sein könnten als arrangierte Fiktionen«, schrieb etwa der Dramatiker Tankred Dorst (* 1925) dazu (*Die Zeit*, 25. 4. 1969). Als »Theater von Intellektuellen für Intellektuelle« wurde es später gekennzeichnet, damit betonend, dass das dokumentarische Theater seinem politischen Anspruch nur bedingt gerecht wurde, weil es nur bestimmte Zielgruppen erschließen konnte (Tarot 1983, S. 316).

Der Wissenschaftler im Konflikt

Loyalitätskonflikt

Im Mittelpunkt vieler Untersuchungen stehen die Konflikte, in denen Oppenheimer sich als Wissenschaftler befindet: Erstens ist er Physiker und damit der wissenschaftlichen Erkenntnis verpflichtet, zweitens muss er seinem Staat gegenüber loyal sein, in dessen Auftrag und mit dessen Mitteln er seine Forschung betreibt (und überhaupt betreiben kann), drittens trägt er aber auch Verantwortung für die Auswirkungen seiner Forschung, »wie sie sich in der Atom- und der Wasserstoffbombe in ihrer grausamen Realität zeigen« (Maßberg 1965, S. 56). Mehrfach wird deshalb in der Forschungsliteratur diskutiert, welches Wertesystem für einen Wissenschaftler verbindlicher ist: Muss er dem Staat, der Wissenschaft oder der Menschheit gegenüber loyal sein?

Mit der Entdeckung der Kernspaltung war den Physikern eine »moralische und politische Verantwortung zugewachsen, der sich viele, wenn nicht die meisten, in ihrer Tragweite nicht bewußt waren oder nicht gewachsen zeigten«, schreibt Wolfgang Ismayr dazu (Ismayr 1977, S. 120). Der wissenschaftliche Fortschritt galt den Physikern als Wert an sich, für die gesellschaftlichen Auswirkungen fühlten sie sich nicht verantwortlich, weil sie es gewohnt waren, den Machthabern – und damit jenen, die ihre kostspieligen Forschungen finanzierten – ihre Ergebnisse zur Verfügung zu stellen (vgl. ebd.).

H. Kügler

Hans Kügler betont in diesem Zusammenhang allerdings, dass die »Dämonisierung rücksichtsloser Forschungsarbeit« geradezu zum Klischee geworden sei und damit ein grundlegender Aspekt oft nicht bedacht werde: »die Verführbarkeit der Naturwissenschaftler selbst durch die von ihnen im Forschungsfeld absolut gesetzte Rationalität« (Kügler 1970, S. 227). Oppenheimer sagt in Kipphardts Stück: »Und ich setze großes Vertrauen in die schließliche Macht der Vernunft.« (91,4–5) Naturwissenschaftler, die ihre Erkenntnisse und auch ihr Weltbild auf die Rationalität und die Vernunft gründen, beziehen in ihr Denken nicht mit ein, dass andere Menschen Entscheidungen fällen, die auf irrationalen und beschränkten Motiven fußen – bei Politikern etwa Machtgewinn oder -erhalt.

W. Ismayr

Die »Schizophrenie« (Motekat 1977, S. 75), in der sich die Wissenschaftler befinden, wird innerhalb des Stücks nicht nur in der Oppenheimer-Figur veranschaulicht, vielmehr zeigen mehrere Zeugen des Verhörs auf, wie unterschiedlich Wissenschaftler mit der Problematik umgehen. Während Bethe an der Entwicklung der Wasserstoffbombe mitarbeitete in dem Bewusstsein, dass es falsch war, trennt Teller »nach wie vor streng [...] zwischen der Sphäre der Politik und der Wissenschaft – und zwar nicht nur methodisch. Der wissenschaftliche Fortschritt ist Selbstzweck. Für die Auswirkungen der wissenschaftlichen und technischen Leistungen fühlt er sich nicht verantwortlich« (Ismayr 1977, S. 127). Tellers Ansicht ist nicht zuletzt darauf zurückzuführen, dass er neue Ideen für organisierbar und den einzelnen Wissenschaftler für austauschbar hält: Wenn ein Oppenheimer die Wasserstoffbombe nicht machen will, kann es ein Teller tun, wenn er es nicht getan hätte, wäre ein anderer Wissenschaftler dazu bereit gewesen (vgl. Kügler 1970, S. 223).

Brecht, Dürrenmatt, Zuckmayer

Die Konflikte des modernen Naturwissenschaftlers hatten vor Kipphardt bereits Bertolt Brecht mit *Leben des Galilei* (Erstfassung 1938) sowie Friedrich Dürrenmatt (1921–1990) mit *Die*

Physiker (1962) in den Mittelpunkt von Dramen gestellt, weshalb diese oftmals miteinander verglichen werden (vgl. exemplarisch Maßberg 1965 und Kügler 1970). Vereinzelt wird in diesem Zusammenhang auch auf Carl Zuckmayers (1896–1977) Stück *Das kalte Licht* (1955) hingewiesen (vgl. Maßberg 1965; Charbon 1974, S. 70–76).
Brechts Galilei – der, Kipphardts Oppenheimer darin vergleichbar, zu viel Vertrauen in die Vernunft des Menschen hat – befindet sich im Konflikt zwischen den Anforderungen der Menschheit und denen der (kirchlichen) Politiker, er unterwirft sich den Letzteren und begeht so einen feigen Verrat, der in gewissem Sinne als Schuld ausgelegt werden muss (vgl. Taeni 1972, S. 272). Die Rolle des Naturwissenschaftlers im 20. Jahrhundert ist im Vergleich dazu ungleich komplexer, weil er als Einzelner im Gegensatz zu Galilei nichts bewirken kann. In Dürrenmatts Stück ist das zu Ende gedacht: Seinen Physikern bleibt als möglicher Ausweg nur der freiwillige Aufenthalt im Irrenhaus – und selbst da gelingt es nicht, den Missbrauch der wissenschaftlichen Erkenntnisse durch die Machthaber zu verhindern (vgl. ebd.).
Oppenheimer reagiert ähnlich wie Dürrenmatts Hauptfigur Möbius, wenn er glaubt, angesichts der voraussehbaren Katastrophe, die sein Wissen bedeuten kann, seine Mitarbeit einfach verweigern zu können (vgl. Kügler 1970, S. 223). Allerdings besteht das Dilemma darin, dass selbst Grundlagenforschung missbraucht werden kann. »Wie sich die Physiker auch entscheiden, ihr Handeln bleibt fragwürdig.« (Maßberg 1965, S. 62)

Figuren und Figurenkonstellationen

Die Figuren um Oppenheimer werden von der Forschungsliteratur in drei Gruppen eingeteilt: in den Sicherheitsausschuss, der den Fall zu entscheiden hat, jene, die pro Oppenheimer eingestellt sind, also neben den Anwälten Garrison und Marks die Zeugen Bethe, Lansdale und Rabi, sowie jene Figuren, die gegen Oppenheimer auftreten, also die Anwälte Robb und Rolander sowie die Zeugen Griggs, Pash und Teller.

Ward V. Evans Evans hat innerhalb des Ausschusses eine Sonderstellung. Er gibt ehrlich eigene Unwissenheit oder Ratlosigkeit zu und zeigt als Wissenschaftler Verständnis für Oppenheimers schwierige Situation. Im Gegensatz zu Morgan und Gray bewahrt er sich eine kritische Distanz zu dem Fall und kommt in seinem Minderheitsbericht in der Schlussszene zu einer anderen Beurteilung Oppenheimers (vgl. Fasse 1988, S. 51).

I. Isaak Rabi Ähnlich erkennt auch Rabi – als einer der Zeugen, die sich zu Oppenheimers Gunsten äußern –, dass Verdächtigungen wie diese auch andere Wissenschaftler treffen können, er relativiert das Besondere von Oppenheimers Hearing zu einem allgemeinen Fall, der sich möglicherweise wiederholen wird (ebd., S. 47). Rabi scheut sich auch nicht, den ganzen Prozess in Frage zu stellen: »Sie hätten eine Anklageschrift verlangen müssen, die unloyale Handlungen behauptet, nicht unbequeme Ansichten« (125,34–126,1), sagt er zu Evans und betont damit, dass keine Beweise für einen Verrat des Wissenschaftlers vorgebracht, sondern lediglich seine Anschauungen kritisiert werden. Sympathie und Solidarität kennzeichnen Rabis Haltung zu Oppenheimer (vgl. Fasse 1988, S. 59).

E. Teller Teller wird von der Sekundärliteratur klar als direkter Gegenspieler Oppenheimers identifiziert, der zumeist die gegenteiligen Auffassungen von Oppenheimer vertritt (vgl. exemplarisch Kügler 1970, S. 223 oder Buddecke/Fuhrmann 1981, S. 374 f.). Die Verzögerung bei der Entwicklung der Wasserstoffbombe führt er auf Oppenheimer zurück und legt sie ihm als Illoyalität aus. Für die Folgen seiner Forschung fühlt Teller sich nicht verantwortlich, er

> »begnügt sich mit der ihm zugewiesenen Rolle des wissenschaftlichen Zuträgers; sein entindividualisierter, technokratischer Wissenschaftsbegriff, seine Weigerung, politische und moralische Implikationen wissenschaftlicher Arbeit anzuerkennen, und die damit indirekt bekundete Bereitschaft, jeden beliebigen Auftrag anzunehmen [...], kennzeichnen ihn als idealen Wissenschaftsfunktionär des verwalteten Staates« (Charbon 1974, S. 214 f.).

R. Robb Robb wiederum steht für ein Sicherheits-Prinzip, dem sich einzelne Menschen zum Wohl der nationalen Sicherheit unterzuordnen haben (vgl. Ingen 1988, S. 51 und Volckmann 1981, S. 328 f.). Auch den Stellungnahmen Rolanders und Robbs ist gemeinsam, dass sie die Interessen des Staates über die des einzelnen Bürgers stellen. »Sie unterstreichen die grundsätzliche Legitimität der Anhörung, das Recht staatlicher Institutionen, gegebenenfalls in die Privatsphäre des Einzelnen einzugreifen.« (Volckmann 1981, S. 330 f.)

C.A. Rolander

Der Oppenheimer-Fall ist deshalb auch gelesen worden als Beispiel, wie schnell man in der McCarthy-Ära als verdächtig oder verräterisch gelten konnte. Die Anwälte der Atomenergiekommission bemühen sich, einen Zusammenhang zwischen Oppenheimers Einwänden gegen die Herstellung der H-Bombe und seinen früheren linken Verbindungen herzustellen.

W. Ismayr

> »Die Sicherheit der Vereinigten Staaten verlangt absolute Konformität, blindes Vertrauen in die Beschlüsse der Regierung, die den Anspruch erhebt, allein zu wissen, was den Interessen des Staates nützt. Dabei erweisen sich gerade der hysterische Antikommunismus und der Glaube an die Politik der Stärke als Gefährdung von Freiheit und Leben.« (Ismayr 1977, S. 119)

C. Steiner

Diese Art der Darstellung wird Kipphardt vereinzelt als amerikafeindlich ausgelegt: »He depicted America as a nation run by militarists and heartless war mongers« [»Er stellte Amerika als Nation dar, die von Militaristen und herzlosen Kriegstreibern geführt wird«], urteilt etwa Carl Steiner (1989, S. 206). Im *Oppenheimer* stehe »the entire American society of the McCarthy era [...] under indictment« [»die gesamte amerikanische Gesellschaft der McCarthy-Ära unter Anklage«] (ebd., S. 202). Freilich sind diese pauschalen Beurteilungen dem Stück nicht angemessen und verkennen die Differenziertheit der Argumentation innerhalb der Handlung.

Kipphardt betonte Ende der 1970er- und Anfang der 1980er-Jahre, wie erschreckend aktuell die Verhör- und Überwachungspraktiken seines *Oppenheimer* auf Zeitgenossen in der Bundesrepublik wirkten. Zu dieser Zeit wurde der einzelne Bürger aufgrund der Angst vor dem RAF-Terrorismus mit zahlreichen Maßnahmen in seiner Freiheit beschnitten:

> »Unter dem Vorwand der Terrorismusbekämpfung – die Kri-

minalität von Terrorismus ist ja geringer als die Wochenkriminalität am Frankfurter Hauptbahnhof etwa – unter dem Vorwand der Terrorismusbekämpfung wird das Instrumentarium für einen Überwachungsstaat bereitgestellt, und dieses Instrumentarium, das auch jetzt schon Mißbrauch erfährt, harrt des Mißbrauchers, der dieses Instrumentarium dann bis an die Grenze seiner Möglichkeiten strapaziert«,

sagte Kipphardt in einem Gespräch mit Stefan Lohr 1979 (Materialien 1987, S. 279). Die »Analogie zur McCarthy-Zeit«, »die geringe Toleranz gegenüber der Abweichung, dem anders Denkenden und dessen existentielle Vernichtung – die Tendenz zum Überwachungsstaat«, beunruhigte Kipphardt auch in einem Interview 1981 (ebd., S. 279).

Die Hauptfigur Oppenheimer

Während die Hauptfigur des Stücks von den Zuschauern in den Theatern oft als Identifikationsfigur missverstanden wurde, hat die Forschungsliteratur Oppenheimer als »letztlich integre, aber in vielerlei Hinsicht doch zwielichtige, teilweise gespaltene, zumindest widerspruchsvolle Figur« verstanden (Fasse 1988, S. 53). Kipphardt selbst betonte das ebenfalls: »Oppenheimer ist in meinem Stück in gar keinem Falle eine positive Figur. Sie finden dauernd Material, das seine Widersprüchlichkeit zeigt«, sagte er in einem Gespräch 1965 (Materialien 1987, S. 188).

F. Fasse

Ferdinand Fasse hebt die Darstellung Oppenheimers als kulturell gebildet hervor: Er zitiert literarische Texte und berichtet von seiner Erleichterung, dass die kulturell bedeutende Tempelstadt Kyoto nicht für den Abwurf der Atombombe ausgesucht wurde (Fasse 1988, S. 55). Die Widersprüchlichkeit der Figur ist u. a. in dieser »Polarität« von Kunstsinn und Naturwissenschaft begründet (vgl. ebd., S. 54).

Oppenheimers Widersprüche

In besonderer Weise offenbaren sich Oppenheimers Widersprüche in der Frage, wie er die Entwicklung der Atombombe beurteilt. Einerseits hat er die Bombe gebaut und errechnete für die Militärs sogar, welche Ziele für den Abwurf am geeignetsten waren, andererseits hatte er nach Hiroshima und Nagasaki große Skrupel – und dennoch vertritt er die Ansicht, der Abwurf sei eine politische Entscheidung gewesen, für die er keine Verantwortung trage (vgl. Hilzinger 1976, S. 70 f.). Allerdings wird die

Oppenheimers ›Schuld‹

Frage nach der ›Schuld‹ Oppenheimers im Stück nicht direkt

gestellt, wodurch Kipphardt »einen stufenweisen Denk- und Urteilsbildungsprozeß im Zuschauer in Gang« setzt (Motekat 1977, S. 75).

Die Schlussrede Oppenheimers wird in der Sekundärliteratur häufig mit der Selbstverurteilung Galileis in Brechts *Leben des Galilei* in der dritten Fassung von 1955/56 verglichen, von der Oppenheimers Rede offensichtlich angeregt wurde (vgl. Scharfschwerdt 1996, S. 186 f.; Naumann/Töteberg 1992, S. 38; Buddecke/Fuhrmann 1981, S. 371 f.; Motekat 1977, S. 75 f.; Charbon 1974, S. 222–225). Das kritische Urteil über sich selbst, zu dem Oppenheimer am Schluss findet, »steht am Ende einer Entwicklung, an deren Anfang er zunächst nicht bereit zu sein scheint, seine Rolle als Einzelner, als persönlich Angeklagter, zu akzeptieren« (Fasse 1988, S. 56). Das Verfahren vor dem Untersuchungsausschuss erweist sich so als »ein Prozeß, der für Oppenheimer zum Lernprozeß wird« und »zu einer inneren Wandlung« führt (Buddecke/Fuhrmann 1981, S. 376) – allerdings nur im Stück, gerade gegen diesen Aspekt hat sich der historische Oppenheimer immer verwahrt.

Oppenheimers Schlussrede

Literaturhinweise

A. Textausgaben (Auswahl)

In der Sache J. Robert Oppenheimer. Ein szenischer Bericht, Frankfurt/M. 1964 (edition suhrkamp 64, 1.–4. Aufl.)
Dass. Schauspiel, in: *Spectaculum* 7, Frankfurt/M. 1964
Dass. Schauspiel, Frankfurt/M. 1967 (edition suhrkamp 64, 5.–17. Aufl.)
Dass. In: Kipphardt, Heinar, *Stücke I*, Frankfurt/M. 1973, S. 233–344
Dass. Schauspiel, in: Kipphardt, Heinar, *Theaterstücke*. Bd. 1, Köln 1978, S. 243–335
Dass. Frankfurt/M. 1978 (edition suhrkamp 64, ab der 18. Aufl.)
Dass. In: *Theaterstücke. Eine Auswahl*, Berlin/Weimar 1982, S. 87–201
Dass. *Ein Stück und seine Geschichte*, hg. v. Uwe Naumann unter Mitarbeit von Pia Kipphardt, Reinbek bei Hamburg 1987 (*Gesammelte Werke in Einzelausgaben*), S. 7–111

B. Materialien zum Stück

Materialien. Heinar Kipphardt: In der Sache J. Robert Oppenheimer, ausgewählt und eingeleitet von Lotte Bartelheimer und Maximilian Nutz, Stuttgart 1981
Materialien, in: Kipphardt, Heinar, *In der Sache J. Robert Oppenheimer. Ein Stück und seine Geschichte*, hg. v. Uwe Naumann unter Mitarbeit von Pia Kipphardt, Reinbek bei Hamburg 1987 (Gesammelte Werke in Einzelausgaben), S. 113–317

C. Literatur zum historischen Hintergrund

Auer, Peter, *Von Dahlem nach Hiroshima. Die Geschichte der Atombombe*, Berlin 1995
Hoffmann, Klaus, *J. Robert Oppenheimer. Schöpfer der ersten Atombombe*, Berlin/Heidelberg 1995
Jungk, Robert, *Heller als tausend Sonnen. Das Schicksal der Atomforscher*, München 1990
Kant, Horst, *J. Robert Oppenheimer*, Leipzig 1985
Rhodes, Richard, *Dark Sun. The Making of the Hydrogen Bomb*, New York/London 1995
Salewski, Michael (Hg.), *Das Zeitalter der Bombe. Die Geschichte der atomaren Bedrohung von Hiroshima bis heute*, München 1995
Shepley, James R./Blair, Clay, *Die Wasserstoffbombe. Der Konflikt – Die Bedrohung – Die Konstruktion*, Stuttgart 1955

Strathern, Paul, *Oppenheimer & die Bombe*, Frankfurt/M. 1999
Walker, Mark, *Die Uranmaschine. Mythos und Wirklichkeit der deutschen Atombombe*, Berlin 1990

D. Interpretationen und Forschungsliteratur zum Stück

Blumer, Arnold, *Das dokumentarische Theater der sechziger Jahre in der Bundesrepublik Deutschland.* Meisenheim am Glan 1977, S. 226–248
Buddecke, Wolfram/Fuhrmann, Helmut, *Das deutschsprachige Drama seit 1945. Schweiz – Bundesrepublik – Österreich – DDR*, München 1981, S. 370–379
Charbon, Rémy, *Die Naturwissenschaften im modernen deutschen Drama*, Zürich/München 1974, S. 191–226
Fasse, Ferdinand, *Heinar Kipphardt: In der Sache J. Robert Oppenheimer*, München 1988
Friedrich, Hans-Edwin, »›Datenschutt‹ und »Unsicherheitsrelation«. Die ästhetische Konstruktion von Wirklichkeit im Dokumentartheater (Hochhuth, Kipphardt, Weiss)«, in: *Zeitschrift für deutsche Philologie* 119 (2000), S. 268–289
Ingen, Ferdinand van, *Heinar Kipphardt: In der Sache J. Robert Oppenheimer.* Frankfurt/M. 1988
Ismayr, Wolfgang, *Das politische Theater in Westdeutschland*, Meisenheim am Glan 1977, S. 115–144
Kügler, Hans, »Dichtung und Naturwissenschaft«, in: ders., *Weg und Weglosigkeit. Neun Essays zur Geschichte der deutschen Literatur im zwanzigsten Jahrhundert*, Heidenheim 1970, S. 209–235
Maßberg, Uwe, »Der gespaltene Mensch. Vergleichende Interpretation der Physiker-Dramen von Brecht, Dürrenmatt, Zuckmayer und Kipphardt auf der Oberstufe«, in: *Der Deutschunterricht* 17 (1965), H. 6, S. 56–74
Müller, Michael, »Weggearbeitete Authentizität. Nachstellungen zu Kipphardts ›Oppenheimer‹«, in: *Der Deutschunterricht* 41 (1989), H. 5, S. 28–33
Scharfschwerdt, Jürgen, *Heinar Kipphardt: In der Sache J. Robert Oppenheimer*, in: *Dramen des 20. Jahrhunderts. Interpretationen*, Bd. 2, Stuttgart 1996, S. 182–201
Steiner, Carl, »Heinar Kipphardt. Robert Oppenheimer and Bruder Eichmann: Two Plays in Search of a Political Answer«, in: *Amerika! New Images in German Literature*, hg. v. Heinz D. Osterle, New York/Bern 1989, S. 199–211
Taeni, Rainer, »Heinar Kipphardt. In der Sache J. Robert Oppenheimer. Dokumentarisches Theater als Anspruch an das Publikum«, in: *Das deutsche Drama vom Expressionismus bis zur Gegenwart*, hg. v. Manfred Brauneck, 2., erweit. Aufl., Bamberg 1972, S. 268–274

Volckmann, Silvia, »Auf ideologischem Schlachtfeld. Heinar Kipphardt: In der Sache J. Robert Oppenheimer«, in: *Geschichte als Schauspiel. Deutsche Geschichtsdramen. Interpretationen*, hg. v. Walter Hinck, Frankfurt/M. 1981, S. 322–339

E. Andere Literatur zu Kipphardt

Hanuschek, Sven, *»Ich nenne das Wahrheitsfindung«. Heinar Kipphardts Dramen und ein Konzept des Dokumentartheaters als Historiographie*, Bielefeld 1993

–: *Heinar Kipphardt*. Berlin 1996

Karbach, Walter, *Mit Vernunft zu rasen: Heinar Kipphardt. Studien zu seiner Ästhetik und zu seinem veröffentlichten und nachgelassenen Werk*, Oberwesel am Rhein 1989

–: »Produzieren wider die Verhältnisse. Heinar Kipphardts ästhetische Positionen«, in: *Deutsche Vierteljahresschrift für Literaturwissenschaft und Geistesgeschichte* 65 (1991), S. 335–387

Naumann, Uwe/Töteberg, Michael, *In der Sache Heinar Kipphardt*. Marbach/N. 1992 (*Marbacher Magazin* 60)

Stock, Adolf, *Heinar Kipphardt. Mit Selbstzeugnissen und Bilddokumenten*, Reinbek bei Hamburg 1987

F. Zum Dokumentartheater

Arnold, Heinz Ludwig/Reinhardt, Stephan, *Dokumentarliteratur*, München 1973 (Edition Text + Kritik)

Barton, Brian, *Das Dokumentartheater*, Stuttgart 1987

Carl, Rolf-Peter, »Dokumentarisches Theater«, in: *Die deutsche Literatur der Gegenwart. Aspekte und Tendenzen*, hg. v. Manfred Durzak, Stuttgart 1976, S. 102–131

Hilzinger, Klaus Harro, *Die Dramaturgie des dokumentarischen Theaters*, Tübingen 1976

Koebner, Thomas, »Tendenzen des Dramas«, in: *Tendenzen der deutschen Gegenwartsliteratur*, 2., neuverfaßte Aufl., Stuttgart 1984, S. 287–349

Motekat, Helmut, *Das zeitgenössische deutsche Drama. Einführung und kritische Analyse*, Stuttgart/Berlin 1977

Tarot, Rolf, »Dokumentarisches Theater – ein Mißverständnis des Theaters«, in: *Drama und Theater im 20. Jahrhundert. Festschrift für Walter Hinck*, hg. v. Hans Dietrich Irmscher und Werner Keller, Göttingen 1983, S. 308–316

Wort- und Sacherläuterungen

Personen: Alle Figuren des Stücks hat Heinar Kipphardt dem Protokoll der Untersuchung entnommen, das die Atomenergiekommission (vgl. Erl. zu 9,3–4) 1954 gegen J. Robert Oppenheimer einleitete. 8.1

Gordon Gray: (1909–1982). Sekretär der U.S. Army 1949–1950, Präsident der University of North Carolina 1950–1955, nationaler Sicherheitsberater 1958–1961. 8.4

Ward V. Evans: Chemiker der Northwestern University. 8.5

Boris T. Pash: 1900–1995. 8.13

John Lansdale: 1912–2003. 8.14

Edward Teller: (1908–2003). Ungar.-amerik. Physiker. Unter seiner Leitung wurde 1951 die Wasserstoffbombe entwickelt. 8.15

Hans Bethe: Hans Albrecht Bethe (*1906 in Straßburg). Mitarbeiter in Los Alamos. 1967 Nobelpreis für Physik. 8.16

David Tressel Griggs: 1911–1974. 8.17

Isadore Isaac Rabi: (1898–1988). Österr.-amerik. Kernphysiker. Nobelpreis für Physik 1944. 8.19

Atomenergiekommission in Washington: Engl. Atomic Energy Commission (AEC), nahm am 1. 1. 1947 in der Hauptstadt der USA, Washington D.C., ihre Arbeit auf. Die AEC ist eine Bundesbehörde, die allein das Recht und die Befugnis hat, in den USA über den Besitz, die Herstellung und die Verarbeitung von spaltbarem Material zu entscheiden. Berät die amerik. Regierung in Fragen über die Nutzung von Kernenergie. Für wissenschaftliche Fragen ist der Beratungsausschuss der AEC zuständig (engl. General Advisory Committee), dessen Vorsitzender Oppenheimer war, als von der Entwicklung der Wasserstoffbombe abgeraten wurde. 9.3–4

Sicherheitsgarantie: Diese war für alle Mitarbeiter notwendig, die an geheimen Regierungsprojekten arbeiteten. Oppenheimers Sicherheitsgarantie war im Dezember 1953 aufgehoben worden. 10.6–7

Interview mit Senator McCarthy: Joseph Raymond McCarthy (1909–1957). Amerik. Politiker, wurde 1947 Senator, ab 1953 Vorsitzender des ständigen Untersuchungsausschusses des Se- 10.18–19 nats für Fragen der inneren Sicherheit. Führte seit 1950 regelrechte Feldzüge gegen eine angebliche Unterwanderung hoher und höchster Staatsämter durch Kommunisten und deren Agenten (mit z.T. fragwürdigen Methoden wie Beobachtung oder Telefonabhören durch FBI-Beamte usw., vgl. Erl. zu 20,35). Nach ihm nennt man diese Zeit der ›Kommunistenjagd‹ in den USA die McCarthy-Ära (auch: McCarthyismus). Das genannte Interview wurde am 6.4.1953 gesendet.

10.34–35 **Wasserstoffbombe**: Auch H-Bombe genannt. Eine Art der Atombombe, bei der eine Verschmelzung leichter Atomkerne zu Helium eintritt. Im November 1952 erstmals durch die Amerikaner gezündet (vgl. Erl. zu 12,33).

11.1 **H-Bombe**: Andere Bezeichnung für Wasserstoffbombe (vgl. Erl. zu 10,34–35). H ist das chemische Symbol für Wasserstoff (vom lat. hydrogenium).

11.9 **Atomhelden**: Anspielung auf Oppenheimer, unter dessen Leitung die Atombombe entstanden war und der ein entsprechend hohes Ansehen genoss.

11.11 **Lewis Fulton jun.**: (1898–1973). Amerik. Journalist, der in den 1930er- bis 1950er-Jahren tätig war.

11.17 **Einstein**: Albert Einstein (1879–1955). Nobelpreisträger für Physik 1921. Er entwickelte um 1905 die spezielle, 1915 die allgemeine Relativitätstheorie (vgl. Erl. zu 112,23), die die moderne Physik auf neue Grundlagen stellte. Einstein war Deutscher jüdischen Glaubens, er verließ 1933 Deutschland und lehrte als Professor an der Universität von Princeton in den USA. Aus Angst, den Deutschen könne der Bau von Atomwaffen gelingen, gab er mit anderen Wissenschaftlern den Anstoß zur Entwicklung der amerik. Atombombe. Nach 1945 setzte er sich nachhaltig für den Abbau von Kernwaffen ein.

12.10–11 **Sperry Gyroscope Company**: Amerik. Unternehmen, das Gyrokompasse und andere Peilgeräte vermarktet. Wurde 1910 von Elmer A. Sperry (1860–1930) gegründet.

12.33 **Vater der Atombombe**: Oppenheimer ist so bezeichnet worden, weil unter seiner Leitung Atomwaffen entwickelt und im Juli 1945 erstmals gezündet wurden. Bei Atombomben unterscheidet man solche, die auf der Kernspaltung von Uran 235 oder Plutonium 239 beruhen, und solche, bei denen eine Verschmelzung leichter Atomkerne (z. B. Deuterium, Tritium) zu Helium eintritt (Wasserstoff- oder H-Bombe; vgl. Erl. zu 10,34–35 u. 11,1).

Los Alamos: Ort nordwestl. von Santa Fe, New Mexico, USA. Hier befand sich das Forschungslabor, in dem Oppenheimer mit seinem Team die erste Atombombe entwickelte. 13.5

Kriegsminister: Zum besagten Zeitpunkt war das Henry L. Stimson (1867–1950). Das Kriegsministerium (United States Department of War) war von 1789 bis 1949 das Ministerium in den USA, das die Verantwortung für das Militär innehatte. 1949 wurde es vom Verteidigungsministerium (United States Department of Defense) abgelöst. 13.32

Fermi: Enrico Fermi (1901–1954). Ital. Physiker. Entdeckte 1939 die Kernumwandlung durch Neutronenbeschuss und führte 1942 die erste kontrollierte Kettenreaktion in der Urankernspaltung durch. Nobelpreis für Physik 1938. Nach ihm ist der Preis benannt, den Oppenheimer 1963 erhielt. 13.34

Lawrence: Ernest Orlando Lawrence (1901–1958). Amerik. Atomphysiker. Entwickelte 1929/30 das erste Zyklotron zur Erzeugung energiereicher Protonen und untersuchte damit die künstliche Umwandlung von Atomkernen. Nobelpreis für Physik 1939. 13.34

Arthur H. Compton: Arthur Holly Compton (1892–1962). Amerik. Physiker. Entdeckte 1923 den Compton-Effekt, mit dem ein eindeutiger Beweis für die Quantennatur des Lichts erbracht wurde. Nobelpreis für Physik 1927. 13.34

schizophren: Eigtl. medizinische Bezeichnung für an einer Bewusstseinsspaltung leidend; hier: in sich widersprüchlich. 15.25

Goldenes Zeitalter: Bezeichnung für eine angeblich ideale Vorzeit, nachweisbar in altind. und antiken Quellen (z. B. Hesiod, Vergil). 16.7

Schlaraffenland: Märchenhaftes Land des Überflusses, in dem Faulheit als Tugend und Fleiß als größtes Laster gilt. 16.7–8

Sie ist aus den Fugen.: Ähnlich formuliert in dem Stück *Hamlet* (entstanden um 1601) von William Shakespeare (1564–1616). Die gleichnamige Hauptfigur sagt darin: »[...] Die Zeit ist aus den Fugen: Schmach und Gram, / Daß ich zur Welt, sie einzurichten, kam!« Robb erkennt die Anspielung und gibt das zu verstehen. 16.13–14

16.23–24 **Wir haben sie [...] sie verwendet wird.**: Das amerik. Atombombenprojekt war hauptsächlich deshalb so energisch vorangetrieben worden, weil man befürchtete, dass die Deutschen als erste die Waffe zur Verfügung haben könnten, womit sie den Zweiten Weltkrieg zu ihren Gunsten entschieden hätten.

16.28–29 **Es stellte sich [...] Atombombenprojekt nicht gab.**: Inzwischen geht die historische Forschung davon aus, dass das dt. Atombombenprojekt doch weiter fortgeschritten war, als nach Kriegsende von den Amerikanern angenommen wurde (vgl. Walker 1990).

17.6 **Franck-Report**: Bericht, der 1945 von sieben Forschern aus Chicago an das Kriegsministerium ging und die Aufforderung enthielt, auf den Einsatz der Atombombe zu verzichten sowie Nuklearwaffen international zu kontrollieren. Benannt nach dem dt.-amerik. Physiker James Franck (1882–1964), der 1925 den Nobelpreis für Physik erhielt. Der Bericht ist nachzulesen bei Jungk 1990, S. 384–398.

17.7 **Szilard**: Leó Szilárd (1898–1964). Ungar.-amerik. Physiker. Mitarbeit am ›Manhattan Project‹.

17.30 **Okinawa**: Größte Insel der zu Japan gehörenden Inselgruppe der Ryukyu-Inseln. Mit der Landung auf Okinawa am 1.4.1945 betraten die US-Truppen im Zuge des Zweiten Weltkriegs jap. Gebiet, am 22.6.1945 war Okinawa von den US-Truppen erobert und blieb bis 1972 amerik. Militärstützpunkt.

17.34 **Alvarez**: Luis Alvarez (1911–1988). Amerik. Physiker. Arbeiten über Elementarteilchen. Nobelpreis für Physik 1968.

20.16–17 **Konsumvereins**: Verein, der seinen Mitgliedern durch gemeinsamen Großeinkauf oder auch eigene Fertigung preisgünstige Konsumgüter verschafft.

20.25 **Paul Crouch**: Früherer kommunistischer Top-Funktionär, der viele (vermeintliche) amerik. Kommunisten in einflussreichen Positionen denunzierte. Seine Aussagen waren durchaus zweifelhaft.

20.35 **FBI-Akten**: Das Federal Bureau of Investigation (FBI) ist die Bundeskriminalpolizei der USA, sie wurde 1908 gegründet. Während der McCarthy-Ära wurden eine Vielzahl von Menschen vom FBI im Geheimen beobachtet, ihre (auch privaten) Verhaltensweisen in Akten festgehalten. Ein Bericht des FBI über Oppenheimer brachte das Verfahren gegen ihn ins Rollen.

Malenkow: Georgi Maximilianowitsch Malenkow (1902–1988). Sowjet. Politiker. Ab 1938 persönlicher Sekretär Stalins (vgl. Erl. zu 24,31–32), nach dessen Tod 1953 erster Parteisekretär und später Ministerpräsident der Sowjetunion (1953–1955). 1957 aller Ämter enthoben. 21.10

Fuß: Amerik. Längenmaß, ein Fuß sind etwa 30 cm. 22.8

Präsident Eisenhower: Dwight David Eisenhower (1890–1969). Präsident der USA (1953–1961). 22.10–11

quantitative und die qualitative Analyse: Die quantitative Analyse in der Chemie stellt die Menge der Bestandteile fest, die eine Verbindung aufbauen oder die in einem Stoffgemisch enthalten sind. Die qualitative Analyse ermittelt lediglich die Zusammensetzung einer Verbindung oder eines Stoffgemischs. 23.13

Joe Dallet: (1907–1937) Erster Ehemann von Oppenheimers Frau Kathryn. Dallet war Mitglied der Kommunistischen Partei, organisierte mehrere Großdemonstrationen Arbeitsloser und half mit, Gewerkschaften in Ohio zu gründen. Bei Ausbruch des Spanischen Bürgerkriegs (vgl. Erl. zu 24,2) meldete er sich als Freiwilliger und starb dort im Oktober 1937. 23.27

Spanischen Bürgerkrieg: Wurde im Juli 1936 durch einen Putsch faschistischer Generäle gegen die republikanisch-sozialistische Regierung ausgelöst. Nachdem Francisco Franco Bahamonde (1892–1975) mit dt. und ital. Hilfe im März 1939 die Regierung gestürzt hatte, bestimmte er mit seinem diktatorischen Regierungssystem die politische Entwicklung in Spanien bis zu seinem Tod. 24.2

Ihr Bruder Frank: Frank Friedman Oppenheimer (1912–1985). Amerik. Physiker. Mitarbeit am ›Manhattan Project‹. 24.4

Schauprozesse unter Stalin: Josef Wissarionowitsch Stalin (1879–1953). Sowjet. Politiker. Ab Ende der 1920er-Jahre uneingeschränkter Diktator, entledigte sich seiner politischen Gegner durch so genannte ›Säuberungen‹, indem er sie in Schauprozessen vermeintlicher Vergehen überführen und dann aus ihren Positionen entfernen oder ermorden ließ. 24.31–32

Paktes zwischen den Nazis und den Russen: Dt.-Sowjet. Nichtangriffspakt von 1939 (Hitler-Stalin-Pakt). Beide Länder verpflichteten sich darin auch zu wechselseitiger Neutralität bei einem Angriff einer der beiden Verbündeten auf einen Dritten. 24.33–34

Erleichterte Hitler die Entfesselung des Zweiten Weltkriegs, wurde mit dem Überfall auf die Sowjetunion am 22.6.1941 von dt. Seite gebrochen.

24.35–25.1 **Houterman**: Friedrich Georg Houtermans (1903–1966). Physiker. Studierte und arbeitete in Deutschland, emigrierte 1933 nach England, weil er Mitglied der Kommunistischen Partei war. 1935 ging er in die Sowjetunion. Dort wurde er 1937 im Zuge der Stalin'schen ›Säuberungsaktionen‹ (vgl. Erl. zu 24,31–32) in Moskau inhaftiert. 1940 wurde er an Deutschland ausgeliefert und von der Gestapo verhaftet. Der dt. Physiker Max von Laue (1879–1960) machte seinen Einfluss geltend, sodass Houtermans freigelassen wurde.

27.12–13 **Totalitätsanspruch des Staates**: Anspruch des Staates, dass der Bürger sich ihm ganz unterwerfen muss; alle Bereiche des menschlichen Lebens sind dem Interesse des Staates unterzuordnen oder ihm zumindest offen zu legen.

30.22 **Berkeley**: Stadt in West-Kalifornien, USA, im nordöstl. Vorortbereich von San Francisco. Hauptsitz der 1868 gegründeten University of California, an der Oppenheimer 1929–1942 und wieder von 1945–47 lehrte.

31.10–11 **Haakon Chevalier**: Professor für franz. Literatur an der University of California in Berkeley. Lernte Oppenheimer 1937 kennen und war ihm in langjähriger Freundschaft verbunden. Anfang 1943 teilte Chevalier Oppenheimer mit, dass Eltenton (vgl. Erl. zu 49,30) ihn zur Spionage hatte überreden wollen. Später sah sich der Physiker veranlasst, diesen Annäherungsversuch Eltentons bei den Sicherheitsbehörden anzuzeigen. Weil er Chevaliers Namen aus der Sache heraushalten wollte, log er zunächst, musste schließlich aber doch seinen Freund nennen und schadete ihm damit außerordentlich: Chevaliers wissenschaftliche Karriere war beendet. Er wanderte nach Frankreich aus, wo er sich als Übersetzer und freier Autor durchschlug. Chevalier erfuhr erst im Juli 1954, wer ihn als verdächtig hatte erscheinen lassen. Oppenheimer hatte ihm das jahrelang verschwiegen.

31.16 **Josef Weinberg**: Schüler von Oppenheimer in Berkeley. Verriet 1943 Informationen über die Gewinnung von Uranium 235 an die Kommunistische Partei.

34.13 **Lewis Strauss**: (1896–1974). Bankier. 1946 wurde er in die

Atomenergiekommission berufen (vgl. Erl. zu 9,3–4). Befürwortete den Bau der Wasserstoffbombe.

General Groves: Leslie R. Groves (1896–1970). US-General. 35.11
War seit 1941 zuständig für das militärische Bauwesen und wurde 1942 als militärischer Leiter mit dem Projekt zur Entwicklung der Atombombe betraut.

Stalingrad: Von 1925–1961 Name der russ. Stadt Wolgograd. 36.9
1942/43 fand hier eine der kriegsentscheidenden Schlachten des Zweiten Weltkriegs statt. Ende November 1942 wurde die dt. sechste Armee mit rund 280 000 Soldaten durch eine sowjet. Gegenoffensive eingekesselt. Die dt. Armee kapitulierte im Januar 1943.

Joliot Curie: Gemeint ist Frédéric Joliot (1900–1958), der mit 38.1
seiner Frau Irène Joliot-Curie (1897–1956) 1934 die künstliche Radioaktivität entdeckte, wofür das Forscherpaar 1935 den Nobelpreis für Chemie erhielt. Frédéric Joliot war Kommissar für Atomenergie in Frankreich, wurde aber wegen seiner Mitgliedschaft in der Kommunistischen Partei entlassen.

Klaus Fuchs: (1911–1988). Dt. Physiker. 1933 emigrierte er 38.5
nach Großbritannien. Als Mitglied einer brit. Delegation war er von 1943–1945 in Los Alamos, ab 1946 am brit. Atomforschungszentrum Harwell tätig. 1950 wurde er wegen Verrats von Atombombengeheimnissen an die Sowjetunion verurteilt. Seit seiner Begnadigung 1959 lebte er in der DDR.

Nunn May: Alan Nunn May (1911–2003). Brit. Atomphysi- 38.5
ker. Spionierte Atomgeheimnisse für die Sowjetunion aus.

Pontecorvo: Bruno Pontecorvo (1913–1993). In Italien gebo- 38.6
rener Kernphysiker. Spionierte Atomgeheimnisse für die Sowjetunion aus.

Plutonium-Bombe: Vgl. Erl. zu 12,33. Eine Plutonium-Bombe 38.35–39.1
war am 9. August 1945 über Nagasaki abgeworfen worden.

Stanford: Die Stanford-Universität ist eine der Eliteuniversitä- 39.12
ten in den USA. Sie wurde 1891 in der San Francisco Bay Area, etwa 60 km südl. von San Francisco, gegründet.

Pearl Harbor: Marinestützpunkt an der Südküste der Insel 39.19
Oahu, Hawaii, USA. Am 7.12.1941 hatte die jap. Luftwaffe ohne vorherige Kriegserklärung Pearl Harbor überfallen, wobei Tausende von Menschen getötet und zahlreiche amerik. Kriegs-

schiffe versenkt wurden. Die amerik. Öffentlichkeit befürwortete daraufhin Präsident Franklin D. Roosevelts Politik, die auch den Eintritt in das Kriegsgeschehen umfasste.

43.11 **Bohm**: David Bohm (1917–1992). Amerik. Physiker. Schüler Oppenheimers in Berkeley, den Oppenheimer nach Los Alamos geholt hatte. Stand unter Spionageverdacht.

43.11 **Lomanitz**: Giovanni Rossi Lomanitz (1921–2003). Schüler Oppenheimers in Berkeley, den Oppenheimer nach Los Alamos geholt hatte. Stand unter Spionageverdacht.

43.11 **Friedmann**: Jerome Isaac Friedman (* 1930). Amerik. Physiker. Erhielt 1990 für den Nachweis der Quark-Elementarteilchen den Nobelpreis für Physik.

45.6 **Princeton**: Stadt im westl. New Jersey, USA. Dort hat die renommierte Universität von Princeton (gegr. 1746) ihren Sitz.

45.34 **Marx**: Karl Marx (1818–1883). Dt. Philosoph und Nationalökonom. Führender Vertreter des wissenschaftlichen Sozialismus. Mit Marxismus bezeichnet man die von Marx und Friedrich Engels (1820–1895) entwickelten philosophischen, politisch-sozialen und wirtschaftlichen Lehren.

46.4 **großen Depression**: Schwere wirtschaftliche Krise in den USA 1929–1933, die sich auf die gesamte Weltwirtschaft auswirkte.

46.15 **Rockefeller**: John Davidson Rockefeller (1839–1937). Amerik. Unternehmer. Gründete 1870 die Standard Oil Company in Ohio und 1882 den Standard Oil Trust, der 95 % des Raffineriegeschäfts der USA kontrollierte. Seine Gewinne aus diesen Unternehmen machten ihn zum damals reichsten Mann der Welt.

49.30 **Eltenton**: George C. Eltenton. Lebte zur gleichen Zeit wie Oppenheimer in Berkeley und war ihm bekannt. Arbeitete als Ingenieur für die Entwicklungsabteilung von Shell (Shell Development Corporation), davor hatte er mehrere Jahre in der Sowjetunion verbracht. Eltenton versuchte über Chevalier, Oppenheimer zur Spionage für die Sowjets zu bewegen, vgl. auch Erl. zu 31,10–11. 1946 wurde Eltenton vom FBI verhaftet, weil er im Auftrag des sowjet. Konsulats Informationen über das Strahlungslabor in Berkeley eingeholt hatte.

51.25 **CIO-Gewerkschaft**: Abk. für Congress of Industrial Organizations. Vereinigung von Industriegewerkschaften in den USA. Die CIO schloss sich 1955 mit dem amerik. Arbeiterverband American Federation of Labor (AFL) zusammen.

Gewerkschaft der Wissenschaftler und Ingenieure: Gemeint ist die Federation of Architects, Engineers, Chemists and Technicians (FAECT). 51.26–27

Mikrofilmen: Stark verkleinerte Abbildung von Text- und Bilddokumenten auf feinkörnigem Filmmaterial. Gängig sind Verkleinerungen um das 24-, 42- und 48fache. 53.5

Steve Nelson: (1903–1993). Namhafter Funktionär der Kommunistischen Partei in Amerika. Oppenheimers Frau kannte ihn als guten Freund ihres verstorbenen Mannes Joe Dallet (1907–1937). 1950 wurde Nelson aufgrund seiner aufrührerischen politischen Aktivitäten im US-Staat Pennsylvania verhaftet und zwei Jahre später zu 20 Jahren Haft verurteilt, er wurde 1956 begnadigt und freigelassen. 54.26–27

David Hawkins: (1913–2002). Philosoph und Historiker. Oppenheimers Assistent im ›Manhattan Project‹. 55.24

Achsen-Agenten: Agenten der Achsenmächte. Das nationalsozialistische Deutschland und das faschistische Italien wurden so bezeichnet, nachdem Benito Mussolini (1883–1945) die Formulierung ›Achse Berlin-Rom‹ geprägt hatte. Durch den Dreimächtepakt mit Japan im September 1940 zur ›Achse Berlin-Rom-Tokyo‹ erweitert. 55.34

Niels Bohr: (1885–1962). Dän. Physiker. Entwickelte mit dem Bohr'schen Atommodell das erste Modell für Atome. 1922 Nobelpreis für Physik. Emigrierte in die USA, wo er kurzzeitig an der Entwicklung der Atombombe mitarbeitete. 59.1

Mr. Hoover: J. Edgar Hoover (1895–1972). Amerik. Kriminalist. Ab 1924 Direktor des FBI, vgl. Erl. zu 20,35. Hoover führte 1925 die zentralisierte Fingerabdruckkartei ein. 62.11

Harvard: Die 1636 gegründete Harvard University ist die älteste und eine der bedeutendsten Universitäten der USA mit Sitz in Cambridge, Massachusetts. 64.27

Windei: Eigtl. unbefruchtetes Ei, Vogelei ohne oder mit nur sehr dünner Schale; hier: unsinniger Plan, der sich als nicht durchführbar erwiesen hat. 66.27

Hysterie: Medizinisch: nicht normale seelische Verhaltensweise mit vielfachen Symptomen; hier: übertriebene Empfindlichkeit, Nervosität. 70.23

Schießbaumwolle: Aus Baumwolle oder Zellstoff hergestelltes, 74.33

als Sprengstoff verwendetes Zellulosenitrat; Evans spielt damit auf die Atombomben an.

77.26–27 **Affaire Dreyfus**: Schwerste innenpolitische Krise der Dritten Republik (1870–1940) in Frankreich. Der jüdische Offizier Alfred Dreyfus (1859–1935) wurde 1894 aufgrund gefälschter Dokumente wegen Landesverrats zu lebenslanger Verbannung verurteilt. In einem Revisionsprozess 1899, u.a. durch den Schriftsteller Émile Zola (1840–1902) in Gang gebracht, wurde Dreyfus trotz erwiesener Unschuld zu zehn Jahren Festung verurteilt. Erst 1906 wurde er begnadigt und rehabilitiert.

79.8–9 **Wissenschaftlichen Rates**: Gemeint ist der Beratungsausschuss der AEC, dessen Vorsitzender Oppenheimer war, als von der Entwicklung der Wasserstoffbombe abgeraten wurde, vgl. Erl. zu 9,3–4.

80.4 **Joe I**: Die Amerikaner nannten die erste sowjet. Atombombe so zu ›Ehren‹ von Josef Stalin.

80.5–6 **Atombombenmonopol**: Monopol bedeutet eigtl. eine Marktform, bei der nur ein Anbieter auf einem bestimmten Markt auftritt. Hier ist gemeint, dass die Amerikaner mit der Zündung der sowjet. Joe I nicht mehr die Einzigen waren, die Atombomben herstellen konnten.

80.25 **Mr. Gromyko**: Andrei Andrejewitsch Gromyko (1909–1989). Sowjet. Politiker. 1943–1946 Botschafter in Washington, 1946–1948 UNO-Botschafter, 1952/53 Botschafter in London, 1957–1985 Außenminister der Sowjetunion.

80.30 **Achesons**: Dean Gooderham Acheson (1893–1971). Amerik. Außenminister 1949–1953.

81.4 **in kyrillischen Buchstaben**: Schrift, die im Lauf des 10. Jh.s zur alleinigen Schrift der griech.-orthodoxen Slawen wurde. Wird bis heute in slaw. Ländern griech.-orthodoxer Religionsprägung verwendet (z. B. Russland). Hier spielt Morgan auf die vermeintliche Beziehung Oppenheimers zu russ. Kommunisten an.

82.2 **Elugelab**: Bis 1952 eine winzige Insel im Pazifik, Teil des Enewetok-Atolls der Marshall-Inseln. Durch den Test der ersten amerik. Wasserstoffbombe von der Landkarte verschwunden. Nach der Explosion blieben von der Insel ein unterseeischer Krater mit 1900 Metern Durchmesser in 50 Metern Tiefe übrig sowie wenige Inselreste, die bis heute radioaktiv verseucht sind.

Neumanns Rechenmaschinen: Gemeint sind Vorläufer der heutigen Computer, die auf den amerik. Mathematiker österr.-ungar. Herkunft John von Neumann (1903–1957) zurückgehen. Für die elektronische Datenverarbeitung beschrieb er Aufbau und Funktion eines Rechners. Die Architektur eines klassischen Computers wird deshalb als von-Neumann-Architektur bezeichnet. 84.14–15

Koreakrieg: 1950–1953. Bewaffnete Auseinandersetzung zwischen Nord- bzw. Südkorea. Nach einem Überfall der nordkorean. Streitkräfte im Juni 1950 wurden die südkorean. Truppen von amerik. Streitkräften und UN-Truppen unterstützt. Deren Gegenoffensive führte zum Zusammenbruch der nordkorean. Front. Ende des Krieges durch das Abkommen von Panmunjom (27.7.1953). 88.2

Präventivkrieges: Ein Krieg, der dem bevorstehenden oder vermuteten Angriff eines Gegners zuvorkommen oder eine Verschiebung der Machtverhältnisse zugunsten des eigenen Staates bewirken soll. 88.6

Und ich setze […] Macht der Vernunft.: Ähnlich formuliert auch Bertolt Brechts Galilei: »Ich glaube an den Menschen und das heißt, ich glaube an seine Vernunft. Ohne diesen Glauben würde ich nicht die Kraft haben, am Morgen aus meinem Bett aufzustehen« (Brecht, Bertolt, *Leben des Galilei. Schauspiel* [Fassung 1938/39], in: ders., *Werke. Große kommentierte Berliner und Frankfurter Ausgabe*, hg. v. Werner Hecht, Jan Knopf, Werner Mittenzwei und Klaus-Detlef Müller, Berlin und Weimar/Frankfurt/M. 1988–2000, Bd. 5, S. 30). 91.4–5

Gesang der Hindus: Gemeint ist die Bhagavadgita, ein ind.-religiöses Lehrgedicht in 18 Gesängen, das von dem Gott Krishna vorgetragen wird. Die Bhagavadgita gilt im Hinduismus als heiliger Text. Der historische Oppenheimer las die Bhagavadgita im Original, er beherrschte acht Sprachen, darunter Sanskrit. 91.30–31

China-Debakel: Für die Amerikaner war die Übernahme der Führung Chinas durch den Kommunisten Mao (1893–1976) im Jahre 1949 eine strategische Niederlage. Nach dem Sieg im chin. Bürgerkrieg (1945–1949) errichtete Mao am 1.10.1949 die Volksrepublik China und unterschrieb 1950 einen Bündnisvertrag mit der Sowjetunion. 96.32

104.27–28 **Als Hahn in [...] erste Uranspaltung gelang**: Otto Hahn (1879–1968). Dt. Chemiker. Er entdeckte 1938 die Spaltung von Urankernen bei Neutronenbestrahlung. Nach Kriegsende erhielt er dafür den Nobelpreis für Chemie des Jahres 1944 zuerkannt.

105.13 **Bikini**: Atoll in der Ralikgruppe der Marshall-Inseln im westl. Pazifik. Amerik. Atombombenversuche 1946.

111.29 **Weißkopf**: Victor Frederick Weisskopf (1908–2002). Amerik. Physiker österr. Herkunft. War am Bau der ersten Atombombe in Los Alamos beteiligt.

111.30 **Placzek**: George Placzek (1905–1955). Brit. Physiker. War am Bau der ersten Atombombe in Los Alamos beteiligt.

112.23 **Relativitätstheorie**: Die von Albert Einstein begründete physikalische Theorie, die neben der Quantentheorie die bedeutendste der im 20. Jh. entwickelten Theorien ist. Der Relativitätstheorie zufolge sind Raum, Zeit und Masse vom Bewegungszustand eines Beobachters abhängig und deshalb relative, d.h. je nach Standpunkt verschiedene Größen, vgl. Erl. zu 11,17.

114.9 **Gute Gedanken sind teuer. Ich esse gern.**: Diese Textpassage erinnert an Brechts Galilei, der von sich sagt: »ich kaufe gern Bücher, nicht nur über Physik, und ich esse gern anständig. Bei gutem Essen fällt mir am meisten ein« (Brecht a.a.O., S. 27).

114.19–20 **Kriegführung Dschingis Khans**: Dschingis Khan (1155 oder 1167–1227). Mongolenherrscher ab 1205/06. Gründete durch Unterwerfung zahlreicher Reiche und Völker im heutigen China und Korea bis hin zu Süd-Russland das mongol. Weltreich, das sich vom Chin. Meer bis an die Grenzen Europas erstreckte. Dschingis Khan entwickelte eine militärische Taktik, die seinen brutal vorgehenden Armeen den Ruf einbrachte, unbesiegbar zu sein.

117.8 **Mr. Finletter**: Thomas K. Finletter (1893–1980). US-Luftwaffenminister 1950–1953.

117.9 **General Vandenberg**: Hoyt Vandenberg (1899–1954). Stabschef der Air Force 1948–1953.

117.17–18 **das sogenannte Vista-Projekt**: Im Sommer 1951 gab es eine geheime Konferenz amerik. Militärs am California Institute of Technology. Ziel war, zu erarbeiten, wie bereits bestehende oder bald verfügbare Technologien, insbesondere taktische Nuklearwaffen, gegen die Vormachtstellung der Sowjetunion in Europa eingesetzt werden konnten, ob z. B. konventionelle Truppen mit Nuklearwaffen ausgestattet werden sollten.

Maginot-Linie: Nach dem franz. Politiker André Maginot (1877–1932) benannt, der 1929–1932 ein Befestigungssystem an der franz. Nord-Ost-Grenze erbauen ließ, das v. a. aus Festungswerken, Panzerhindernissen und betonierten Stellungen bestand. 117.23

Zacharias: Jerrold R. Zacharias (1905–1986). Wissenschaftler und Ingenieur. Oppenheimer holte ihn vom Massachusetts Institute of Technology's Radiation Laboratory zum ›Manhattan Project‹. 117.34

Charlie Lauritzen: Charles Christian Lauritsen (1892–1968). Dän.-amerik. Kernphysiker. Prof. für Physik am California Institute of Technology 1930–1962. 117.35

Paranoiker: Eigtl.: medizinisch für an Wahnvorstellungen leidender Geistesgestörter; hier: jmd., der an Verfolgungswahn leidet. 118.32

New Deal: Bezeichnung für die Reformen, mit denen Präsident Franklin D. Roosevelt ab 1933 die Folgen der Weltwirtschaftskrise in den USA (vgl. Erl. zu 46,4) zu überwinden suchte, u. a. Arbeitsbeschaffungsprogramme, Drosselung der Überproduktion in Industrie und Landwirtschaft, Gesetze für die Stärkung der Stellung der Gewerkschaften und eine Alters-, Unfall- und Arbeitslosenversicherung. 131.22

Kopernikus: Nikolaus Kopernikus (1473–1543). Astronom und Mathematiker. Er begründete das heliozentrische Weltsystem, bei dem – im Gegensatz zum geozentrischen Weltsystem des Ptolemäus (um 100–160) – die Sonne (und nicht die Erde) der Mittelpunkt des Sonnensystems ist. Sein Hauptwerk *Sechs Bücher über die Umläufe der Himmelskörper* wurde 1543 veröffentlicht und 1616 verboten. Obwohl Kopernikus keine Beweise für die Rotation der Erde erbringen konnte, stellte sein Weltsystem eine grundlegende Veränderung der Weltsicht dar (›kopernikanische Wende‹). 139.13

Newtons: Isaac Newton (1643–1727). Engl. Physiker, Mathematiker und Astronom. Begründer der klassischen theoretischen Physik. 139.13–14